# DIE BIBEL DER TRADITIONELLEN CHINESISCHEN WOK-KÜCHE

100+ TRADITIONELLE CHINESISCHE REZEPTE ZUM RÜHREN, DÜNSTEN, FRITTIEREN UND RÄUCHERN MIT DEM VIELSEITIGSTEN KÜCHENGERÄT

AUREL DREHER

**Alle Rechte vorbehalten.**

## Haftungsausschluss

Die in diesem eBook enthaltenen Informationen sollen als umfassende Sammlung von Strategien dienen, die der Autor dieses eBooks erforscht hat. Zusammenfassungen, Strategien, Tipps und Tricks werden nur vom Autor empfohlen, und das Lesen dieses eBooks garantiert nicht, dass die eigenen Ergebnisse genau die Ergebnisse des Autors widerspiegeln. Der Autor des eBooks hat alle zumutbaren Anstrengungen unternommen, um aktuelle und genaue Informationen für die Leser des eBooks bereitzustellen. Der Autor und seine Mitarbeiter haften nicht für unbeabsichtigte Fehler oder Auslassungen, die möglicherweise gefunden werden. Das Material im eBook kann Informationen von Dritten enthalten. Materialien von Drittanbietern enthalten Meinungen, die von ihren Eigentümern geäußert werden. Daher übernimmt der Autor des eBooks keine Verantwortung oder Haftung für Materialien oder Meinungen Dritter.

Das eBook ist urheberrechtlich geschützt © 2022 mit allen Rechten vorbehalten. Es ist illegal, dieses eBook ganz oder teilweise weiterzuverbreiten, zu kopieren oder daraus abgeleitete Werke zu erstellen. Kein Teil dieses Berichts darf ohne die ausdrückliche und unterzeichnete schriftliche Genehmigung des Autors in irgendeiner Form vervielfältigt oder weiterverbreitet werden.

# INHALTSVERZEICHNIS

INHALTSVERZEICHNIS ........................................................................ 3
EINLEITUNG .................................................................................... 7
FRÜHSTÜCK ................................................................................... 10

1. GARNELEN-TOAST ........................................................................ 11
2. PERFEKTE TOPFAUFKLEBER ............................................................ 14
3. CHINESISCHE EIERBRÖTCHEN .......................................................... 18
4. GEBACKENE HASH BROWN CUPS MIT EIERN ...................................... 21
5. WAN TANS MIT FRISCHKÄSE ........................................................... 24
6. GARNELEN UND RÜHREI ................................................................ 27

## SNACKS .................................................................................... 29

7. HAKKA-GEWÜRZ-POPCORN ............................................................. 30
8. MIT TEE GETRÄNKTE EIER .............................................................. 33
9. GEDÄMPFTE FRÜHLINGSZWIEBELBRÖTCHEN ..................................... 36
10. GEDÄMPFTER MANDELBISKUIT ...................................................... 40
11. ZUCKER-EI-PUFFS ....................................................................... 43
12. CHRYSANTHEME UND PFIRSICH TONG SUI ....................................... 46

## HAUPTKURS ............................................................................... 48

13. GEBRATENER EIERREIS ................................................................. 49
14. KLASSISCHER GEBRATENER REIS MIT SCHWEINEFLEISCH ................... 52
15. BETRUNKENE NUDELN ................................................................. 55
16. SICHUAN-DAN-DAN-NUDELN ......................................................... 59
17. SCHWEINEBREI ........................................................................... 62
18. GEBRATENER REIS MIT GARNELEN, EI UND FRÜHLINGSZWIEBELN ........ 65
19. GEBRATENER REIS MIT GERÄUCHERTER FORELLE .............................. 68
20. SPAM FRIED RICE ....................................................................... 71
21. GEDÄMPFTER REIS MIT LAP CHEUNG UND BOK CHOY ....................... 75
22. KNOBLAUCHNUDELN ................................................................... 79

| 23. | SINGAPUR-NUDELN | 82 |
|---|---|---|
| 24. | HAKKA-NUDELN | 86 |
| 25. | PAD SIEHE WIR | 89 |
| 26. | HUHN CHOW MEIN | 93 |
| 27. | RINDFLEISCH LO MEIN | 97 |
| 28. | DAN-DAN-NUDELN | 101 |
| 29. | RINDFLEISCH-CHOW-SPASS | 105 |
| 30. | SALZ- UND PFEFFERGARNELEN | 109 |
| 31. | BETRUNKENE GARNELEN | 112 |
| 32. | WALNUSS-GARNELEN | 115 |
| 33. | SAMTIGE JAKOBSMUSCHELN | 119 |
| 34. | MEERESFRÜCHTE UND VEGGIE PFANNENGERICHTE MIT NUDELN | 122 |
| 35. | KOKOSNUSS-CURRY-KRABBE | 126 |
| 36. | FRITTIERTER TINTENFISCH MIT SCHWARZEM PFEFFER | 129 |
| 37. | FRITTIERTE AUSTERN MIT CHILI-KNOBLAUCH-KONFETTI | 132 |
| 38. | KUNG PAO HÜHNERFLEISCH | 135 |
| 39. | BROKKOLI-HUHN | 138 |
| 40. | MANDARINENSCHALE HUHN | 141 |
| 41. | CASHEW-HÜHNCHEN | 145 |
| 42. | VELVET CHICKEN UND KAISERSCHOTEN | 148 |
| 43. | HUHN UND GEMÜSE MIT SCHWARZER BOHNENSAUCE | 152 |
| 44. | HÄHNCHEN MIT GRÜNEN BOHNEN | 155 |
| 45. | HÜHNCHEN IN SESAMSAUCE | 158 |
| 46. | HÜHNCHEN SÜSS-SAUER | 162 |
| 47. | TOMATEN-EI-PFANNE | 166 |
| 48. | CHINESISCHE GEBRATENE HÄHNCHENFLÜGEL ZUM MITNEHMEN | 169 |
| 49. | HÄHNCHEN MIT THAILÄNDISCHEM BASILIKUM | 172 |
| 50. | GESCHMORTER SCHWEINEBAUCH | 174 |
| 51. | TOMATEN- UND RINDFLEISCHPFANNE | 177 |
| 52. | RINDFLEISCH UND BROKKOLI | 180 |
| 53. | RINDERPFANNE MIT SCHWARZEM PFEFFER | 183 |
| 54. | SESAM-RIND | 186 |
| 55. | MONGOLISCHES RINDFLEISCH | 190 |
| 56. | SICHUAN-RIND MIT SELLERIE UND KAROTTEN | 193 |

| 57. | Hoisin-Beef-Salat-Cups | 197 |
|---|---|---|
| 58. | Gebratene Schweinekoteletts mit Zwiebel | 200 |
| 59. | Schweinefleisch mit Fünf Gewürzen und Bok Choy | 204 |
| 60. | Hoisin Schweinepfanne | 207 |
| 61. | Zweimal gekochter Schweinebauch | 210 |
| 62. | Mu Shu Schweinefleisch mit Bratpfannkuchen | 214 |
| 63. | Schweinerippchen mit schwarzer Bohnensauce | 219 |
| 64. | Gebratenes Mongolisches Lamm | 222 |
| 65. | Kreuzkümmel-gewürztes Lamm | 225 |
| 66. | Lamm mit Ingwer und Lauch | 229 |
| 67. | Rindfleisch aus thailändischem Basilikum | 232 |
| 68. | Chinesisches BBQ-Schweinefleisch | 235 |
| 69. | Gedämpfte Schweinefleischbrötchen vom Grill | 239 |
| 70. | Kantonesischer Schweinebauchbraten | 243 |
| 71. | Gebratene Kaiserschoten | 246 |
| 72. | Gebratener Spinat mit Knoblauch und Sojasauce | 248 |
| 73. | Würziger gebratener Chinakohl | 250 |
| 74. | Trocken gebratene Bohnen | 253 |
| 75. | Gebratener Bok Choy und Pilze | 256 |
| 76. | Gebratenes Gemüsegemüse | 259 |
| 77. | Buddhas Freude | 262 |
| 78. | Tofu nach Hunan-Art | 265 |
| 79. | Ma-Po-Tofu | 269 |
| 80. | Gedämpfter Tofu in einer einfachen Sauce | 273 |
| 81. | Sesam Spargel | 276 |
| 82. | Chinesischer Brokkoli mit Austernsauce | 279 |

## SUPPEN ........ 282

| 83. | Kokos-Curry-Nudelsuppe | 283 |
|---|---|---|
| 84. | Würzige Rindfleisch-Nudelsuppe | 286 |
| 85. | Eiertropfensuppe | 289 |
| 86. | Einfache Wan-Tan-Suppe | 291 |
| 87. | Eiertropfensuppe | 294 |
| 88. | Heiße und saure Suppe | 297 |

| | | |
|---|---|---|
| 89. | Rindfleisch Nudelsuppe | 301 |

## GEWÜRZE .................................................................. 305

| | | |
|---|---|---|
| 90. | Sauce aus schwarzen Bohnen | 306 |
| 91. | Frühlingszwiebel-Ingwer-Öl | 309 |
| 92. | XO-Sauce | 311 |
| 93. | Gebratenes Chili-Öl | 315 |
| 94. | Pflaumensauce | 317 |

## NACHSPEISEN ............................................................ 320

| | | |
|---|---|---|
| 95. | Snack aus Yamsbohnen, Karotten und Gurken | 321 |
| 96. | Chinesische Mandelkekse | 324 |
| 97. | Nian Gao | 327 |
| 98. | Milchreis mit acht Schätzen | 330 |
| 99. | Chinesisches Mandelfloat-Dessert | 334 |
| 100. | Herzhafter gedämpfter Eierpudding | 337 |

## FAZIT ...................................................................... 340

# EINLEITUNG

China ist das Land mit den prominentesten Bürgern und die Nation mit der höchsten und innovativsten Küche der Welt. Der allgemeine Name für Gerichte aus verschiedenen Regionen und Ethnien in China ist chinesische Küche. Mit ausgezeichneter Infrastruktur, reichen Abteilungen und Institutionen und einem unverwechselbaren Thema hat es eine lange Geschichte. Es ist die Kristallisation der Vergangenheit von Tausenden von Jahren der chinesischen Küche. Ein bedeutender Aspekt der chinesischen Kultur, auch als chinesische kulinarische Tradition bekannt, ist die chinesische Küche. Die chinesische Küche gehört zu den drei internationalen Küchen und hat einen weitreichenden Einfluss auf den ostasiatischen Raum. Die Zutaten stammen aus verschiedenen Bereichen und kulturellen Gerichten.

Chinesische Lebensmittel unterscheiden sich stark von allen anderen Lebensmitteln in verschiedenen Ländern. Zutaten und Geschmack können in China von Region zu Region variieren, ihre Zubereitungsart ist jedoch nahezu identisch. Chinesische Lebensmittel haben sich seit der Antike durchgesetzt und sind weithin für ihren einzigartigen Geschmack und ihre gesunden Zutaten bekannt. Chinesisches Essen hat viele Vorteile, da es Nährstoffe liefert, die ein Körper braucht, und weniger Fettbestandteile verwendet. Reis ist das führende Lebensmittel in China, das zu jedem Gericht und zu jeder Mahlzeit serviert wird. Buddhisten, die kein Fleisch essen können, können vegetarische Gerichte essen.

Die chinesische Küche ist nicht nur lecker, sondern auch gesund und nahrhaft. Gewürze, die in der chinesischen Küche verwendet werden, sind voller Nährstoffe, die ein menschlicher Körper braucht, um den ganzen Tag zu arbeiten. Diese sind eine reiche Quelle von Kohlenhydraten, Stärke, Proteinen und Ballaststoffen. Dieses Buch, "Chinese Cookbook", erklärt die chinesische Küche und ihre frühe Geschichte. Das erste Kapitel stellt chinesisches Essen und seine Entstehung von der Zhou-Dynastie bis zur Ming-Dynastie und seine Entwicklung von Zeit zu Zeit vor.

Im zweiten Kapitel geht es um Frühstücks- und Snack-Rezepte, damit Sie mit leckeren und schnellen Rezepten gut in den Tag starten können. Im dritten Kapitel geht es um Mittagessen, Suppen und Salatrezepte, um die Energie zurückzugewinnen, die Sie während Ihrer Arbeit verschwendet haben. Das vierte Kapitel enthält Rezepte für Abendessen und Desserts, um schmackhafte Speisen für Ihr Familienessen mit einigen süßen Gerichten und Beilagen zuzubereiten.

Das letzte Kapitel bietet Ihnen weltberühmte chinesische Gerichte, darunter auch vegetarische Rezepte. Sie können wählen, ob Sie diese Rezepte in Ihrem Special zubereiten möchten

Veranstaltungen oder Familienfeiern. Abschließend wird ein kurzes Fazit über die Wahl der chinesischen Küche für Sie und Ihre Familie gegeben, um Ihnen dabei zu helfen, Ihre Vorstellung von der Auswahl chinesischer Speisen zu unterstützen. Beginnen Sie also mit dem Lesen dieses Buches und erweitern Sie Ihr Kochwissen und Ihre Kochkünste mit "Chinese Cookbook".

# FRÜHSTÜCK

# 1. Garnelen-Toast

Portionsgröße: 4

Zutaten:

- 1 Esslöffel Sojasauce
- 1 Eiweiß
- ½ Teelöffel weißer Zucker
- ½ Teelöffel Paprika
- ½ Pfund rohe Garnelen
- ½ Tasse fein geschnittene Frühlingszwiebeln
- 3 Knoblauchzehe
- Nach Geschmack salzen
- 4 Scheiben Weißbrot
- 1 Teelöffel Sesam
- 1 Esslöffel Ingwerwurzel
- 1 Sardellenfilet
- 1 Teelöffel Sesamöl
- ¼ Tasse Korianderblätter

- 1 Teelöffel asiatische Fischsauce
- 1 Prise Cayennepfeffer
- 1 Tasse Pflanzenöl

Methode:

a) Alle Zutaten in einer Küchenmaschine pürieren und pürieren, bis die Mischung glatt wird.

b) Brotscheiben leicht rösten und die Garnelenmischung über die Toasts streichen.

c) Ränder abschneiden und halbieren.

d) Pflanzenöl in die Pfanne geben und goldbraun braten.

e) Heiß mit Frühlingszwiebeln servieren.

## 2. Perfekte Topfaufkleber

Portionsgröße: 6

Zutaten:

- ½ Tasse Frühlingszwiebeln
- 1 Prise Cayennepfeffer
- 1 ½ Tassen Grünkohl
- 3 Esslöffel frischer Ingwer
- 2 Esslöffel Sojasauce
- 1 Pfund Schweinefleisch

- 4 Knoblauchzehen
- 1 Teelöffel Sesamöl

**Dip-Sauce**
- ¼ Tasse Reisessig
- ¼ Tasse Sojasauce

**Teigzutaten**
- ¾ Teelöffel koscheres Salz

- 2 ½ Tassen Allzweckmehl
- 1 Tasse heißes Wasser

**Braten**

- 8 EL Wasser zum Dämpfen
- 6 Esslöffel Pflanzenöl

Methode:

a) Frühlingszwiebeln, Kohl, Paprika, Knoblauch, Ingwer-Sojasauce, Sesamöl und Schweinefleisch in einer Schüssel mischen und mit einer Gabel vermischen.

b) Mit Plastik abdecken und eine Stunde im Kühlschrank kalt stellen.

c) Teigzutaten mischen und den Teig herstellen.

d) Teig kneten, bis er weich und glatt wird.

e) Wickeln Sie den Teig ein und lassen Sie ihn 30 Minuten ruhen.

f) Teig in kleine Stücke schneiden und Aufkleberverpackungen herstellen.

g) Aufkleber mit Schweinefleischmasse füllen und falten.

h) Mischen Sie die Zutaten für die Dip-Sauce, um die Dip-Sauce herzustellen.

i) Eine Pfanne erhitzen und Potstickers in heißes Öl geben, bis sie goldbraun sind.

j) Mit Wasser beträufeln und 7 Minuten dämpfen oder bis es knusprig ist.

k) Mit Dip servieren.

## 3. Chinesische Eierbrötchen

Portionsgröße: 20

Zutaten:

- 8 Unzen Bambussprossen
- 1 Tasse Holzohrpilz
- 4 Teelöffel Pflanzenöl
- 3 große Eier
- 1 Teelöffel Zucker
- 14-Unzen-Eierrollenverpackungen
- 1 Eiweiß
- 1 Pfund gebratenes Schweinefleisch
- 2 Frühlingszwiebeln
- 2 ½ Teelöffel Sojasauce
- 4 Tassen Öl zum Braten
- 1 mittelgroßer Kohlkopf
- ½ Karotte
- 1 Teelöffel Salz

Methode:

a) Die Pfanne erhitzen und 1 Esslöffel Öl hinzufügen.

b) Fügen Sie das geschlagene Ei in Öl hinzu und kochen Sie es 2 Minuten lang bei schwacher Hitze.

c) Seite wechseln und weitere 1 Minute garen.

d) Beiseite stellen und abkühlen lassen und in dünne Streifen schneiden.

e) Pflanzenöl in die Pfanne geben und die restlichen Zutaten erhitzen, bis das Gemüse vollständig gekocht ist.

f) Geschnittenes Ei in Gemüse geben und 1 Stunde kühl stellen.

g) Nehmen Sie eine Plastikfolie und legen Sie die Gemüsemischung darauf.

h) Rollen Sie die Plastikfolie, bis die oberen Ecken versiegelt sind.

i) Mit Plastik abdecken, um ein Austrocknen zu vermeiden.

# 4. Gebackene Hash Brown Cups mit Eiern

Portionsgröße: 4

Zutaten:

- ½ Tasse geriebener Cheddar-Käse
- Schnittlauch
- ¼ Teelöffel schwarzer Pfeffer
- Rapsöl-Kochspray
- 8 große Eier
- Rapsöl-Kochspray
- 1 Beutel Kartoffelrösti
- schwarzer Pfeffer
- 4 Streifen Speck
- ½ Teelöffel Knoblauchpulver
- Salz

Methode:

a) Ofen auf 400 ° F erhitzen.

b) Die geraspelten Kartoffeln in eine Schüssel geben und mit den Gewürzen mischen.

c) Drücken Sie die Kartoffeln, bis das Wasser austritt.

d) Kartoffeln in Muffinförmchen 20 bis 25 Minuten backen.

e) Pfanne erhitzen und geschlagene Eier hinzufügen.

f) Mit einem Gummispatel umrühren. Eier nicht zu lange kochen.

g) Eier und Gewürze auf die Kartoffeln geben und erneut 3 bis 7 Minuten backen, bis sie vollständig geschmolzen sind.

h) Mit Soße servieren.

## 5. Wan Tans mit Frischkäse

Portionsgröße: 6

Zutaten:

- 8 Unzen Frischkäse
- ½ Teelöffel Zucker
- 24 Won-Tan-Wrapper
- 1 Ei geschlagen
- Öl zum braten
- 2 Teelöffel gehackter Schnittlauch
- ½ Teelöffel Zwiebelpulver

**Methode:**

a) Kombinieren und mischen Sie Zucker, Frischkäse und Zwiebelpulver.

b) Legen Sie eine Wan-Tan-Wrapper auf und geben Sie einen Teelöffel Frischkäse darüber.

c) Ränder mit Ei bepinseln und in Packungsform wickeln.

d) Pfanne mit vier Esslöffeln Öl auf 350 ° F erhitzen.

e) Wan Tans 6 bis 7 Minuten braten oder bis sie goldbraun sind.

f) In ein Papiertuch einweichen und beiseite stellen.

g) Braten Sie alle Wan-Tan-Wraps und servieren Sie sie mit Tamari-Sauce.

## 6. Garnelen und Rührei

**Zutaten:**

- 2 Esslöffel koscheres Salz, plus mehr zum Würzen
- 2 Esslöffel Zucker
- 2 Tassen kaltes Wasser
- 6 Unzen mittelgroße Garnelen (U41-50), geschält und entdarmt
- 4 große Eier, bei Zimmertemperatur
- $\frac{1}{2}$ Teelöffel Sesamöl
- Frisch gemahlener schwarzer Pfeffer
- 2 Esslöffel Pflanzenöl, geteilt
- 2 geschälte frische Ingwerscheiben, jede etwa so groß wie ein Viertel
- 2 Knoblauchzehen, in dünne Scheiben geschnitten
- 1 Bund Schnittlauch, in $\frac{1}{2}$-Zoll-Stücke geschnitten

**Richtungen:**

a) In einer großen Schüssel Salz und Zucker mit dem Wasser verquirlen, bis sie sich auflösen. Garnelen in die Salzlake geben. Abdecken und 10 Minuten kühl stellen.

b) Garnelen in einem Sieb abtropfen lassen und abspülen. Verwerfen Sie die Sole. Die Garnelen auf einem mit

Küchenpapier ausgelegten Backblech verteilen und trocken tupfen.

c) In einer anderen großen Schüssel die Eier mit dem Sesamöl und jeweils einer Prise Salz und Pfeffer verquirlen, bis sie sich verbunden haben. Beiseite legen.

d) Einen Wok bei mittlerer Hitze erhitzen, bis ein Tropfen Wasser brutzelt und bei Kontakt verdunstet. Gießen Sie 1 Esslöffel Pflanzenöl hinein und schwenken Sie es, um den Boden des Woks zu bedecken. Würze das Öl mit dem Ingwer und einer Prise Salz. Lassen Sie den Ingwer etwa 30 Sekunden lang im Öl brutzeln und leicht schwenken.

e) Fügen Sie den Knoblauch hinzu und braten Sie ihn kurz an, um das Öl zu aromatisieren, etwa 10 Sekunden lang. Lassen Sie den Knoblauch nicht braun werden oder anbrennen. Garnelen dazugeben und ca. 2 Minuten unter Rühren braten, bis sie rosa werden. Auf einen Teller geben und den Ingwer wegwerfen.

f) Stellen Sie den Wok wieder auf die Hitze und fügen Sie den restlichen 1 Esslöffel Pflanzenöl hinzu. Wenn das Öl heiß ist, die Eiermischung in den Wok schwenken. Zum Kochen die Eier schwenken und schütteln. Den Schnittlauch in die Pfanne geben und weiter kochen, bis die Eier gekocht, aber nicht trocken sind. Die Garnelen zurück in die Pfanne geben und mischen. Auf einen Servierteller geben.

**SNACKS**

## 7. Hakka-Gewürz-Popcorn

## Zutaten

- Gewürzmischung
- 2 Esslöffel Pflanzenöl
- ½ Tasse Popcornkerne
- Koscheres Salz

**Richtungen:**

a) Kombinieren Sie Ihre Gewürze in einer kleinen Bratpfanne oder Pfanne; Sternanissamen, Kardamomsamen, Nelken, Pfefferkörner, Koriandersamen und Fenchelsamen. Die Gewürze 5 bis 6 Minuten rösten.

b) Den Topf vom Herd nehmen und die Gewürze in einen Mörser oder eine Gewürzmühle geben. Die Gewürze zu einem feinen Pulver mahlen und in eine kleine Schüssel geben.

c) Gemahlenen Zimt, Ingwer, Kurkuma und Cayennepfeffer hinzufügen und umrühren. Beiseite legen.

d) Erhitze einen Wok bei mittlerer Hitze, bis er gerade anfängt zu rauchen. Gießen Sie Pflanzenöl und Ghee hinein und schwenken Sie, um den Wok zu bedecken. 2 Popcornkerne in den Wok geben und abdecken. Sobald sie aufplatzen, fügen Sie den Rest der Kerne hinzu und decken Sie ab. Ständig schütteln, bis das Knallen aufhört.

e) Gib das Popcorn in eine große Papiertüte. Fügen Sie 2 großzügige Prisen koscheres Salz und 1½ Esslöffel der

Gewürzmischung hinzu. Beutel zusammenfalten und schütteln!

## 8. Mit Tee getränkte Eier

**Zutaten**

- 2 Tassen Wasser
- ¾ Tasse dunkle Sojasauce
- 6 geschälte frische Ingwerscheiben, jede etwa so groß wie ein Viertel
- 2 ganze Sternanis
- 2 Zimtstangen
- 6 ganze Nelken
- 1 Teelöffel Fenchelsamen
- 1 Teelöffel Sichuan-Pfefferkörner oder schwarze Pfefferkörner
- 1 Teelöffel Zucker
- 5 entkoffeinierte schwarze Teebeutel
- 8 große Eier, bei Zimmertemperatur

**Richtungen:**

a) In einem Topf das Wasser zum Kochen bringen. Dunkles Soja, Ingwer, Anis, Zimtstangen, Nelken, Fenchelsamen, Pfefferkörner und Zucker hinzufügen. Decken Sie den Topf ab und reduzieren Sie die Hitze auf ein Köcheln; 20 Minuten kochen. Schalten Sie die Hitze aus und fügen Sie die Teebeutel hinzu. Lassen Sie den Tee 10 Minuten ziehen. Den Tee durch ein feinmaschiges Sieb in einen großen hitzebeständigen Messbecher abseihen und abkühlen lassen, während Sie die Eier kochen.

b) Eine große Schüssel mit Eis und Wasser füllen, um ein Eisbad für die Eier zu schaffen, und beiseite stellen. Bringen Sie in einem Wok genug Wasser zum Kochen, um die Eier etwa 2,5 cm zu bedecken. Senken Sie die Eier vorsichtig in das Wasser, reduzieren Sie die Hitze auf ein Köcheln und kochen Sie sie 9 Minuten lang. Die Eier mit einem Schaumlöffel herausnehmen und ins Eisbad geben, bis sie abgekühlt sind.

c) Nimm die Eier aus dem Eisbad. Klopfen Sie mit der Rückseite eines Löffels auf die Eier, um die Schalen aufzubrechen, damit die Marinade zwischen die Risse sickern kann, aber sanft genug, um die Schalen dran zu lassen. Die Muscheln sollten am Ende wie ein Mosaik aussehen. Legen Sie die Eier in ein großes Glas (mindestens 32 Unzen) und bedecken Sie sie mit der Marinade. Bewahren Sie sie mindestens 24 Stunden oder bis zu einer Woche im Kühlschrank auf. Zum Servieren die Eier aus der Marinade nehmen.

## 9. Gedämpfte Frühlingszwiebelbrötchen

## Zutaten

- ¾ Tasse Vollmilch bei Raumtemperatur
- 1 Esslöffel Zucker
- 1 Teelöffel aktive Trockenhefe
- 2 Tassen Allzweckmehl
- 1 Teelöffel Backpulver
- ¾ Teelöffel koscheres Salz, geteilt
- 2 Esslöffel Sesamöl, geteilt
- 2 Teelöffel chinesisches Fünf-Gewürze-Pulver, aufgeteilt
- 6 Frühlingszwiebeln, in dünne Scheiben geschnitten

**Richtungen:**

a) Milch, Zucker und Hefe verrühren. 5 Minuten beiseite stellen, um die Hefe zu aktivieren.

b) In einer großen Rührschüssel Mehl, Backpulver und Salz verrühren. Gießen Sie die Milchmischung hinein. Kombinieren, bis sich ein weicher, elastischer Teig bildet, oder 6 bis 8 Minuten von Hand. In eine Schüssel geben und mit einem Handtuch abgedeckt 10 Minuten ruhen lassen.

c) Rollen Sie ein Stück mit einem Nudelholz zu einem Rechteck von 15 x 18 Zoll aus. 1 Esslöffel Sesamöl über den Teig streichen. Mit Fünf-Gewürze-Pulver und Salz abschmecken.

Mit der Hälfte der Frühlingszwiebeln bestreuen und leicht in den Teig drücken.

d) Den Teig wie eine Zimtschnecke von der Längsseite her aufrollen. Den gerollten Stamm in 8 gleich große Stücke schneiden. Um das Brötchen zu formen, nehmen Sie 2 Stücke und stapeln Sie sie mit den Seiten übereinander, sodass die geschnittenen Seiten nach außen zeigen.

e) Drücken Sie mit einem Essstäbchen in die Mitte des Stapels; Dadurch wird die Füllung leicht herausgedrückt. Entfernen Sie das Essstäbchen. Ziehen Sie mit den Fingern die beiden Enden des Teigs leicht heraus, um ihn zu dehnen, und wickeln Sie dann die Enden unter der Mitte auf und drücken Sie die Enden zusammen.

f) Legen Sie das Brötchen auf ein 3-Zoll-Quadrat aus Pergamentpapier und legen Sie es zum Aufgehen in einen Dampfkorb. Wiederholen Sie den Formvorgang mit dem restlichen Teig und achten Sie darauf, dass zwischen den Brötchen mindestens 2 cm Platz ist. Wenn Sie mehr Platz benötigen, können Sie einen zweiten Dampfkorb verwenden. Sie sollten 8 gedrehte Brötchen haben. Decken Sie die Körbchen mit Plastikfolie ab und lassen Sie sie 1 Stunde oder bis zur doppelten Größe aufgehen.

g) Gießen Sie etwa 2 Zoll Wasser in den Wok und stellen Sie die Dampfkörbe in den Wok. Der Wasserstand sollte $\frac{1}{4}$ bis $\frac{1}{2}$ Zoll über den unteren Rand des Dampfgarers reichen, aber nicht so hoch, dass er den Boden des Korbs berührt. Decken

Sie die Körbe mit dem Dampfkorbdeckel ab und bringen Sie das Wasser bei mittlerer Hitze zum Kochen.

h) Reduzieren Sie die Hitze auf mittlere Hitze und dämpfen Sie sie 15 Minuten lang, fügen Sie bei Bedarf mehr Wasser in den Wok hinzu. Schalten Sie die Hitze aus und lassen Sie die Körbe weitere 5 Minuten abgedeckt. Brötchen auf eine Platte geben und servieren.

## 10. Gedämpfter Mandelbiskuit

**Zutaten**

- Antihaft-Kochspray
- 1 Tasse Kuchenmehl, gesiebt
- 1 Teelöffel Backpulver
- ¼ Teelöffel koscheres Salz
- 5 große Eier, getrennt
- ¾ Tasse Zucker, geteilt
- 1 Teelöffel Mandelextrakt
- ½ Teelöffel Weinstein

**Richtungen:**

a) Legen Sie eine 8-Zoll-Kuchenform mit Pergamentpapier aus. Sprühen Sie das Pergament leicht mit Antihaft-Kochspray ein und legen Sie es beiseite.

b) Mehl, Backpulver und Salz in eine Schüssel sieben.

c) In einem Standmixer oder Handmixer auf mittlerer Stufe die Eigelbe mit ½ Tasse Zucker und dem Mandelextrakt etwa 3 Minuten lang schlagen, bis sie blass und dickflüssig sind. Fügen Sie die Mehlmischung hinzu und mischen Sie, bis sie sich gerade verbunden hat. Beiseite legen.

d) Den Schneebesen reinigen und in einer anderen sauberen Schüssel das Eiweiß mit dem Weinstein schaumig schlagen. Während der Mixer läuft, schlagen Sie das Eiweiß weiter, während Sie nach und nach die restlichen $\frac{1}{4}$ Tasse Zucker hinzufügen. 4 bis 5 Minuten schlagen, bis das Eiweiß glänzt und steife Spitzen entwickelt.

e) Das Eiweiß unter den Kuchenteig heben und vorsichtig mischen, bis das Eiweiß eingearbeitet ist. Den Teig in die vorbereitete Kuchenform geben.

f) Spülen Sie einen Bambus-Dämpfkorb und seinen Deckel unter kaltem Wasser ab und stellen Sie ihn in den Wok. Gießen Sie 2 Zoll Wasser ein oder bis es $\frac{1}{4}$ bis $\frac{1}{2}$ Zoll über den unteren Rand des Dampfgarers kommt, aber nicht so viel, dass es den Boden des Korbs berührt. Setzen Sie die mittlere Pfanne in den Dampfkorb.

g) Bringe das Wasser bei starker Hitze zum Kochen. Setzen Sie den Deckel auf den Dampfkorb und schalten Sie die Hitze auf mittlere Stufe herunter. Den Kuchen 25 Minuten dämpfen oder bis ein in die Mitte gesteckter Zahnstocher sauber herauskommt.

h) Übertragen Sie den Kuchen auf ein Drahtkühlgestell und kühlen Sie ihn 10 Minuten lang ab. Den Kuchen auf den Rost stürzen und das Pergamentpapier entfernen. Drehen Sie den Kuchen wieder auf eine Servierplatte, so dass er mit der rechten Seite nach oben liegt. In 8 Stücke schneiden und warm servieren.

# 11. Zucker-Ei-Puffs

## Zutaten

- ½ Tasse Wasser
- 2 Teelöffel ungesalzene Butter
- ¼ Tasse Zucker, geteilt
- Koscheres Salz
- ½ Tasse ungebleichtes Allzweckmehl
- 3 Tassen Pflanzenöl
- 2 große Eier, geschlagen

**Richtungen:**

a) In einem kleinen Topf Wasser, Butter, 2 Teelöffel Zucker und eine Prise Salz bei mittlerer Hitze erhitzen. Zum Kochen bringen und das Mehl einrühren. Rühren Sie das Mehl mit einem Holzlöffel weiter, bis die Mischung wie Kartoffelpüree aussieht und sich ein dünner Teigfilm auf dem Pfannenboden gebildet hat. Schalten Sie die Hitze aus und geben Sie den Teig in eine große Rührschüssel. Den Teig etwa 5 Minuten abkühlen lassen und gelegentlich umrühren.

b) Während der Teig abkühlt, das Öl in den Wok gießen; das Öl sollte etwa 1 bis 1½ Zoll hoch sein. Bringen Sie das Öl bei mittlerer bis hoher Hitze auf 375 ° F. Sie können erkennen, dass das Öl fertig ist, wenn Sie das Ende eines Holzlöffels hineintauchen und das Öl um den Löffel sprudelt und brutzelt.

c)  Gießen Sie die geschlagenen Eier in zwei Portionen in den Teig und rühren Sie die Eier kräftig in den Teig, bevor Sie die nächste Portion hinzufügen. Wenn alle Eier eingearbeitet sind, sollte der Teig seidig und glänzend aussehen.

d)  Schöpfen Sie mit 2 Esslöffeln den Teig mit einem und verwenden Sie den anderen, um den Teig vorsichtig vom Löffel in das heiße Öl zu schieben. Lassen Sie die Puffs 8 bis 10 Minuten lang braten und wenden Sie sie häufig, bis die Puffs auf das Dreifache ihrer ursprünglichen Größe anschwellen und goldbraun und knusprig werden.

e)  Die Puffs mit einem Wokschaum auf einen mit Küchenpapier ausgelegten Teller geben und 2 bis 3 Minuten abkühlen lassen. Den restlichen Zucker in eine Schüssel geben und die Puffs darin schwenken. Warm servieren.

## 12. Chrysantheme und Pfirsich Tong Sui

## Zutaten

- 3 Tassen Wasser
- $\frac{3}{4}$ Tasse Kristallzucker
- $\frac{1}{4}$ Tasse hellbrauner Zucker
- 2-Zoll-frisches Ingwerstück, geschält und zertrümmert
- 1 Esslöffel getrocknete Chrysanthemenknospen
- 2 große gelbe Pfirsiche, geschält, entkernt und in je 8 Keile geschnitten

**Richtungen:**

a) In einem Wok bei starker Hitze das Wasser zum Kochen bringen, dann die Hitze auf mittel-niedrig reduzieren und Kristallzucker, braunen Zucker, Ingwer und Chrysanthemenknospen hinzufügen. Vorsichtig umrühren, um den Zucker aufzulösen. Fügen Sie die Pfirsiche hinzu.

b) 10 bis 15 Minuten leicht köcheln lassen oder bis die Pfirsiche weich sind. Sie können der Suppe eine schöne rosige Farbe verleihen. Den Ingwer wegwerfen und die Suppe und die Pfirsiche auf Schalen verteilen und servieren.

# HAUPTKURS

# 13. Gebratener Eierreis

**Zutaten:**
- 5 Tassen gekochter Reis
- 5 große Eier (geteilt)
- 2 Esslöffel Wasser
- $\frac{1}{4}$ Teelöffel Paprika
- $\frac{1}{4}$ Teelöffel Kurkuma
- 3 Esslöffel Öl (aufgeteilt)
- 1 mittelgroße Zwiebel, fein gehackt
- $\frac{1}{2}$ rote Paprika, fein gehackt
- $\frac{1}{2}$ Tasse gefrorene Erbsen, aufgetaut
- $1\frac{1}{2}$ Teelöffel Salz
- $\frac{1}{4}$ Teelöffel Zucker
- $\frac{1}{4}$ Teelöffel schwarzer Pfeffer
- 2 Frühlingszwiebeln, gehackt

**Richtungen:**
a) Lockere den Reis mit einer Gabel auf und breche ihn auseinander. Wenn du frisch gekochten Reis verwendest, lasse ihn unbedeckt auf der Theke stehen, bis er aufhört zu dampfen, bevor du ihn auflockerst.
b) 3 Eier in einer Schüssel schlagen. Schlagen Sie die anderen 2 Eier in einer anderen Schüssel zusammen mit 2 Esslöffeln Wasser, dem Paprika und dem Kurkuma. Stellen Sie diese beiden Schalen beiseite.
c) Erhitzen Sie einen Wok bei mittlerer Hitze und fügen Sie 2 Esslöffel Öl hinzu. Fügen Sie die 3 geschlagenen Eier (ohne die Gewürze) hinzu und rühren Sie sie um. Nimm sie aus dem Wok und stelle sie beiseite.

d) Wok bei starker Hitze erhitzen und den letzten Esslöffel Öl hinzufügen. Fügen Sie die gewürfelte Zwiebel und Paprika hinzu. 1-2 Minuten unter Rühren braten. Fügen Sie als nächstes den Reis hinzu und braten Sie ihn 2 Minuten lang unter Rühren mit einer schöpfenden Bewegung, um den Reis gleichmäßig zu erhitzen. Verwenden Sie Ihren Wok-Spatel, um Reisklumpen zu glätten und aufzubrechen.

e) Als nächstes die restliche ungekochte Ei-Gewürz-Mischung über den Reis gießen und etwa 1 Minute unter Rühren braten, bis alle Reiskörner mit Ei überzogen sind.

f) Die Erbsen hinzugeben und eine weitere Minute unter ständigem Rühren braten. Als nächstes Salz, Zucker und schwarzen Pfeffer über den Reis verteilen und mischen. Du solltest jetzt sehen, dass etwas Dampf vom Reis kommt, was bedeutet, dass er durchgewärmt ist.

## 14. Klassischer gebratener Reis mit Schweinefleisch

**Zutaten:**
- 1 Esslöffel heißes Wasser
- 1 Teelöffel Honig
- 1 Teelöffel Sesamöl
- 1 Teelöffel Shaoxing-Wein
- 1 Esslöffel Sojasauce
- 1 Teelöffel dunkle Sojasauce
- $\frac{1}{4}$ Teelöffel weißer Pfeffer
- 5 Tassen gekochter weißer Reis
- 1 Esslöffel Öl
- 1 mittelgroße Zwiebel, gewürfelt
- 1 Pfund chinesisches BBQ-Schweinefleisch, in Stücke geschnitten
- 2 Eier, Rührei
- $\frac{1}{2}$ Tasse Mungobohnensprossen
- 2 Frühlingszwiebeln, gehackt

**Richtungen:**
a) Kombinieren Sie zunächst heißes Wasser, Honig, Sesamöl, Shaoxing-Wein, Sojasauce, dunkle Sojasauce und weißen Pfeffer in einer kleinen Schüssel.
b) Nimm deinen gekochten Reis und lockere ihn mit einer Gabel oder mit deinen Händen auf.
c) Mit dem Wok bei mittlerer Hitze einen Esslöffel Öl hinzufügen und die Zwiebeln glasig dünsten. Den Schweinebraten unterrühren. Den Reis hinzugeben und gut vermischen. Fügen Sie die Saucenmischung und Salz hinzu und mischen Sie mit einer schaufelnden Bewegung, bis der Reis gleichmäßig mit Sauce bedeckt ist.

d) Werfen Sie Ihre Eier, Mungobohnensprossen und Frühlingszwiebeln hinein. Für ein oder zwei weitere Minuten gründlich mischen und servieren!

## 15. Betrunkene Nudeln

Zutaten:

**Für das Huhn und die Marinade:**
- 2 Esslöffel Wasser
- 12 Unzen geschnittene Hähnchenschenkel oder Hähnchenbrust
- 1 Teelöffel Sojasauce
- 1 Teelöffel Öl
- 2 Teelöffel Maisstärke

**Für den Rest des Gerichts:**
- 8 Unzen breite getrocknete Reisnudeln, gekocht
- 1½ Teelöffel brauner Zucker, aufgelöst in 1 Esslöffel heißem Wasser
- 2 Teelöffel Sojasauce
- 1 Teelöffel dunkle Sojasauce
- 1 Esslöffel Fischsauce
- 2 Teelöffel Austernsauce
- Prise gemahlener weißer Pfeffer
- 3 Esslöffel Pflanzen- oder Rapsöl (aufgeteilt)
- 3 Knoblauchzehen, in Scheiben geschnitten
- ¼ Teelöffel frisch geriebener Ingwer
- 2 Schalotten, in Scheiben geschnitten (ca ⅓ Tassen)
- 1 Frühlingszwiebel, in 3-Zoll-Stücke julienned
- 4 thailändische rote Chilischoten, entkernt und in Julienne geschnitten
- 1 Tasse lose verpacktes heiliges Basilikum oder Thai-Basilikum
- 5 bis 6 Stück Babymais, halbiert (optional)
- 2 Teelöffel Shaoxing-Wein

**Richtungen:**

a) Die 2 Esslöffel Wasser mit den Händen in das geschnittene Hähnchen einarbeiten, bis das Hähnchen die Flüssigkeit aufnimmt. Fügen Sie Sojasauce, Öl und Maisstärke hinzu und mischen Sie, bis das Huhn gleichmäßig bedeckt ist. 20 Minuten beiseite stellen.
b) Die aufgelöste Mischung aus braunem Zucker, Sojasaucen, Fischsauce, Austernsauce und weißem Pfeffer in einer kleinen Schüssel verrühren und beiseite stellen.
c) Erhitzen Sie Ihren Wok, bis er fast raucht, und verteilen Sie 2 Esslöffel Öl um den Umfang des Woks. Fügen Sie das Hähnchen hinzu und lassen Sie es 1 Minute auf jeder Seite anbraten, bis es zu etwa 90 % gar ist. Aus dem Wok nehmen und beiseite stellen. Wenn die Hitze hoch genug war und du das Fleisch richtig angebraten hast, sollte dein Wok immer noch sauber sein und nichts daran haften bleiben. Wenn nicht, können Sie den Wok waschen, damit die Reisnudeln nicht kleben bleiben.
d) Fahren Sie mit dem Wok bei starker Hitze fort und fügen Sie 1 Esslöffel Öl hinzu, zusammen mit dem Knoblauch und dem geriebenen Ingwer.
e) Fügen Sie nach einigen Sekunden die Schalotten hinzu. 20 Sekunden unter Rühren braten und Frühlingszwiebeln, Chilischoten, Basilikum, Babymais und Shaoxing-Wein hinzufügen. Weitere 20 Sekunden unter Rühren braten und die Reisnudeln hinzufügen. Mit einer schöpfenden Bewegung alles für eine weitere Minute mischen, bis sich die Nudeln erwärmen.
f) Als nächstes die vorbereitete Saucenmischung hinzugeben und bei höchster Hitze ca. 1 Minute unter Rühren braten, bis die Nudeln eine einheitliche Farbe haben. Achten Sie

darauf, mit Ihrem Metallspatel über den Boden des Woks zu kratzen, um ein Anhaften zu verhindern.

g) Fügen Sie das angebratene Hähnchen hinzu und braten Sie es weitere 1 bis 2 Minuten lang an. Dienen!

# 16. Sichuan-Dan-Dan-Nudeln

## Zutaten:
### Für das Chiliöl:
- 2 Esslöffel Sichuan-Pfefferkörner
- 1 Zoll langes Stück Zimt
- 2-Sterne-Anis
- 1 Tasse Öl
- ¼ Tasse zerkleinerte Paprikaflocken

### Für das Fleisch und Sui Mi Ya Cai:
- 3 Teelöffel Öl (aufgeteilt)
- 8 Unzen. Mett
- 2 Teelöffel süße Bohnensauce oder Hoisinsauce
- 2 Teelöffel Shaoxing-Wein
- 1 Teelöffel dunkle Sojasauce
- ½ Teelöffel Fünf-Gewürze-Pulver
- ⅓ Tasse sui mi ya cai

### Für die Soße:
- 2 Esslöffel Sesampaste (Tahini)
- 3 Esslöffel Sojasauce
- 2 Teelöffel Zucker
- ¼ Teelöffel Fünf-Gewürze-Pulver
- ½ Teelöffel Sichuanpfefferpulver
- ½ Tasse Ihres zubereiteten Chiliöls
- 2 Knoblauchzehen, sehr fein gehackt
- ¼ Tasse heißes Kochwasser von den Nudeln

### Für die Nudeln und das Gemüse:
- 1 Pfund frische oder getrocknete weiße Nudeln, mittlere Dicke
- 1 kleiner Bund Blattgemüse (Spinat, Bok Choy oder Choy Sum)

## Montieren:

- gehackte Erdnüsse (optional)
- gehackte Frühlingszwiebel

**Richtungen:**
a) So bereiten Sie die Fleischmischung zu: In einem Wok einen Teelöffel Öl bei mittlerer Hitze erhitzen und das Hackfleisch anbraten. Fügen Sie die süße Bohnensauce, den Shaoxing-Wein, die dunkle Sojasauce und das Fünf-Gewürze-Pulver hinzu. Kochen, bis die gesamte Flüssigkeit verdampft ist. Beiseite legen. Die anderen 2 Teelöffel Öl im Wok bei mittlerer Hitze erhitzen und das Sui Mi Ya Cai (eingelegtes Gemüse) einige Minuten anbraten. Beiseite legen.
b) Zubereitung der Soße: Alle Zutaten für die Soße mischen. Abschmecken und nach Belieben würzen. Sie können es mit mehr heißem Wasser auflockern, mehr Szechuanpfefferpulver hinzufügen.
c) Nudeln und Gemüse zubereiten: Nudeln nach Packungsanweisung kochen und abtropfen lassen. Das Gemüse im Nudelwasser blanchieren und abtropfen lassen.
d) Die Sauce auf vier Schüsseln verteilen, gefolgt von den Nudeln und dem Blattgemüse. Das gekochte Schweinefleisch und Sui Mi Ya Cai darüber geben. Mit gehackten Erdnüssen (optional) und Frühlingszwiebeln bestreuen.
e) Alles zusammen mixen und genießen!

## 17. Schweinebrei

**Zutaten:**

- 10 Tassen Wasser
- ¾ Tasse Jasminreis, gespült und abgetropft
- 1 Teelöffel koscheres Salz
- 2 Teelöffel geschälter gehackter frischer Ingwer
- 2 Knoblauchzehen, gehackt
- 1 Esslöffel helle Sojasauce, plus mehr zum Servieren
- 2 Teelöffel Shaoxing-Reiswein
- 2 Teelöffel Maisstärke
- 6 Unzen gemahlenes Schweinefleisch
- 2 Esslöffel Pflanzenöl
- Eingelegtes chinesisches Gemüse, in dünne Scheiben geschnitten, zum Servieren (optional)
- Frühlingszwiebel-Ingwer-Öl, zum Servieren (optional)
- Gebratenes Chiliöl, zum Servieren (optional)
- Sesamöl zum Servieren (optional)

**Richtungen:**

a) In einem Topf mit schwerem Boden das Wasser zum Kochen bringen. Rühren Sie den Reis und das Salz ein und reduzieren Sie die Hitze auf ein Köcheln. Abdecken und unter gelegentlichem Rühren etwa 1½ Stunden kochen, bis der Reis eine weiche, breiartige Konsistenz angenommen hat.

b) Während der Reisbrei kocht, in einer mittelgroßen Schüssel Ingwer, Knoblauch, helles Soja, Reiswein und Maisstärke verrühren. Fügen Sie das Schweinefleisch hinzu und lassen Sie es 15 Minuten marinieren.

c) Einen Wok bei mittlerer Hitze erhitzen, bis ein Tropfen Wasser brutzelt und bei Kontakt verdunstet. Gießen Sie das Pflanzenöl hinein und schwenken Sie es, um den Boden des Woks zu benetzen. Fügen Sie das Schweinefleisch hinzu und braten Sie es unter Rühren und Zerkleinern des Fleisches etwa 2 Minuten lang an.

d) Für weitere 1 bis 2 Minuten ohne Rühren kochen, um etwas Karamellisierung zu erhalten.

e) Den Reisbrei in Suppentassen servieren und mit dem gebratenen Schweinefleisch garnieren. Mit Toppings nach Wahl garnieren.

## 18. Gebratener Reis mit Garnelen, Ei und Frühlingszwiebeln

**Zutaten:**

- 2 Esslöffel Pflanzenöl
- Koscheres Salz
- 1 großes Ei, geschlagen
- ½ Pfund Garnelen (jede Größe), geschält, entdarmt und in mundgerechte Stücke geschnitten
- 1 Teelöffel geschälter, fein gehackter frischer Ingwer
- 2 Knoblauchzehen, fein gehackt
- ½ Tasse gefrorene Erbsen und Karotten
- 2 Frühlingszwiebeln, in dünne Scheiben geschnitten, geteilt
- 3 Tassen kalt gekochter Reis
- 3 Esslöffel ungesalzene Butter
- 1 Esslöffel helle Sojasauce
- 1 Esslöffel Sesamöl

**Richtungen:**

a) Einen Wok bei mittlerer Hitze erhitzen, bis ein Tropfen Wasser brutzelt und bei Kontakt verdunstet. Gießen Sie das Pflanzenöl hinein und schwenken Sie es, um den Boden des Woks zu benetzen. Würzen Sie das Öl mit einer kleinen Prise Salz. Das Ei zugeben und schnell verquirlen.

b) Schieben Sie das Ei an die Seiten des Woks, um einen mittleren Ring zu bilden, und fügen Sie die Garnelen, den

Ingwer und den Knoblauch hinzu. Braten Sie die Garnelen mit einer kleinen Prise Salz 2 bis 3 Minuten lang an, bis sie undurchsichtig und rosa werden. Erbsen und Karotten sowie die Hälfte der Frühlingszwiebeln hinzugeben und eine weitere Minute braten.

c) Fügen Sie den Reis hinzu, brechen Sie große Klumpen auf und schwenken und wenden Sie ihn, um alle Zutaten zu kombinieren. 1 Minute unter Rühren braten, dann alles an die Seiten des Woks schieben und eine Vertiefung auf dem Boden des Woks lassen.

d) Fügen Sie die Butter und das helle Soja hinzu, lassen Sie die Butter schmelzen und sprudeln, werfen Sie dann alles zusammen, um es zu beschichten, etwa 30 Sekunden lang.

e) Verteilen Sie den gebratenen Reis in einer gleichmäßigen Schicht im Wok und lassen Sie den Reis etwa 2 Minuten gegen den Wok ruhen, damit er leicht knusprig wird. Mit dem Sesamöl beträufeln und mit einer weiteren kleinen Prise Salz würzen. Auf eine Platte geben und sofort servieren, mit den restlichen Frühlingszwiebeln garnieren.

# 19. Gebratener Reis mit geräucherter Forelle

**Zutaten:**

- 2 große Eier
- 1 Teelöffel Sesamöl
- Koscheres Salz
- Gemahlener weißer Pfeffer
- 1 Esslöffel helle Sojasauce
- ½ Teelöffel Zucker
- 3 Esslöffel Ghee oder Pflanzenöl, geteilt
- 1 Teelöffel geschälter, fein gehackter frischer Ingwer
- 2 Knoblauchzehen, fein gehackt
- 3 Tassen kalt gekochter Reis
- 4 Unzen geräucherte Forelle, in mundgerechte Stücke gebrochen
- ½ Tasse dünn geschnittene Römersalatherzen
- 2 Frühlingszwiebeln, in dünne Scheiben geschnitten
- ½ Teelöffel weißer Sesam

**Richtungen:**

a) In einer großen Schüssel die Eier mit dem Sesamöl und jeweils einer Prise Salz und weißem Pfeffer verquirlen, bis alles gerade so vermischt ist. Rühren Sie in einer kleinen

Schüssel das helle Soja und den Zucker zusammen, um den Zucker aufzulösen. Beiseite legen.

b) Einen Wok bei mittlerer Hitze erhitzen, bis ein Tropfen Wasser brutzelt und bei Kontakt verdunstet. Gießen Sie 1 Esslöffel Ghee hinein und schwenken Sie es, um den Boden des Woks zu bedecken. Fügen Sie die Eimischung hinzu und schwenken und schütteln Sie die Eier mit einem hitzebeständigen Pfannenwender, um sie zu kochen. Legen Sie die Eier auf einen Teller, wenn sie gerade gekocht, aber nicht trocken sind.

c) Die restlichen 2 Esslöffel Ghee zusammen mit Ingwer und Knoblauch in den Wok geben. Schnell anbraten, bis Knoblauch und Ingwer gerade aromatisiert sind, aber darauf achten, dass sie nicht anbrennen. Fügen Sie die Reis-Soja-Mischung hinzu und rühren Sie um, um zu kombinieren. Unter Rühren etwa 3 Minuten weiter braten. Fügen Sie die Forelle und das gekochte Ei hinzu und braten Sie sie etwa 20 Sekunden lang an, um sie aufzubrechen. Salat und Frühlingszwiebeln hinzugeben und unter Rühren braten, bis beide hellgrün sind.

d) Auf eine Servierplatte geben und mit Sesam bestreuen.

## 20. Spam Fried Rice

**Zutaten:**

- 1 Esslöffel Pflanzenöl
- 2 geschälte frische Ingwerscheiben
- Koscheres Salz
- 1 (12 Unzen) Dose Spam, in $\frac{1}{2}$-Zoll-Würfel geschnitten
- $\frac{1}{2}$ weiße Zwiebel, in $\frac{1}{4}$-Zoll-Würfel geschnitten
- 2 Knoblauchzehen, fein gehackt
- $\frac{1}{2}$ Tasse gefrorene Erbsen und Karotten
- 2 Frühlingszwiebeln, in dünne Scheiben geschnitten, geteilt
- 3 Tassen kalt gekochter Reis
- $\frac{1}{2}$ Tasse Ananasstücke aus der Dose, Saft reserviert
- 3 Esslöffel ungesalzene Butter
- 2 Esslöffel helle Sojasauce
- 1 Teelöffel Sriracha
- 1 Teelöffel hellbrauner Zucker
- 1 Esslöffel Sesamöl

**Richtungen:**
a) Einen Wok bei mittlerer Hitze erhitzen, bis ein Tropfen Wasser brutzelt und bei Kontakt verdunstet. Gießen Sie das Pflanzenöl hinein und schwenken Sie es, um den Boden des

Woks zu benetzen. Würze das Öl mit dem Ingwer und einer kleinen Prise Salz. Lassen Sie den Ingwer etwa 30 Sekunden lang im Öl brutzeln und leicht schwenken.

b) Fügen Sie das gewürfelte Spam hinzu und verteilen Sie es gleichmäßig auf dem Boden des Woks. Lassen Sie das Spam anbraten, bevor Sie es werfen und wenden. Braten Sie den Spam weitere 5 bis 6 Minuten lang an, bis er von allen Seiten golden und knusprig wird.

c) Fügen Sie die Zwiebel und den Knoblauch hinzu und braten Sie sie etwa 2 Minuten lang an, bis die Zwiebel anfängt, durchscheinend auszusehen. Erbsen und Karotten und die Hälfte der Frühlingszwiebeln dazugeben. Braten Sie für eine weitere Minute mehr.

d) Reis und Ananas hineingeben, große Reisklumpen zerkleinern, wenden und wenden, um alle Zutaten zu kombinieren. 1 Minute unter Rühren braten, dann alles an die Seiten des Woks schieben und eine Vertiefung auf dem Boden des Woks lassen.

e) Fügen Sie die Butter, den reservierten Ananassaft, die helle Soja, Sriracha und den braunen Zucker hinzu. Rühren Sie um, um den Zucker aufzulösen, und bringen Sie die Sauce zum Kochen. Kochen Sie sie dann etwa eine Minute lang, um die Sauce zu reduzieren und leicht einzudicken. Kombinieren Sie alles zu beschichten, etwa 30 Sekunden.

f) Verteilen Sie den gebratenen Reis in einer gleichmäßigen Schicht im Wok und lassen Sie den Reis gegen den Wok ruhen, damit er leicht knusprig wird, etwa 2 Minuten. Den

Ingwer entfernen und entsorgen. Mit dem Sesamöl beträufeln und mit einer weiteren kleinen Prise Salz würzen. Auf eine Platte geben und mit den restlichen Frühlingszwiebeln garnieren. Sofort servieren.

## 21. Gedämpfter Reis mit Lap Cheung und Bok Choy

## Zutaten:

- 1½ Tassen Jasminreis
- 4-Runden-Cheung (chinesische Wurst) Links oder spanische Chorizo
- 4 Baby-Pak-Choi-Köpfe, jeweils in 6 Keile geschnitten
- ¼ Tasse Pflanzenöl
- 1 kleine Schalotte, in dünne Scheiben geschnitten
- 1-Zoll-frisches Ingwerstück, geschält und fein gehackt
- 1 Knoblauchzehe, geschält und fein gehackt
- 2 Teelöffel helle Sojasauce
- 1 Esslöffel dunkle Sojasauce
- 2 Teelöffel Shaoxing-Reiswein
- 1 Teelöffel Sesamöl
- Zucker

## Richtungen:

a) Den Reis in einer Rührschüssel 3 oder 4 Mal unter kaltem Wasser spülen und schwenken, dabei den Reis im Wasser hin und her schwenken, um alle Stärken abzuspülen. Den Reis mit kaltem Wasser bedecken und 2 Stunden einweichen. Den Reis durch ein feines Sieb abgießen.

b) Spülen Sie zwei Bambus-Dämpfkörbe und ihre Deckel unter kaltem Wasser ab und stellen Sie einen Korb in den Wok.

Gießen Sie 2 Zoll Wasser ein oder genug, um den Wasserstand um ¼ bis ½ Zoll über den unteren Rand des Dampfgarers zu bringen, aber nicht so hoch, dass das Wasser den Boden des Dampfgarers berührt.

c) Legen Sie einen Teller mit einem Stück Mulltuch aus und geben Sie die Hälfte des eingeweichten Reises auf den Teller. 2 Würstchen und die Hälfte des Pak Choi darauf anrichten und das Mulltuch locker zubinden, damit um den Reis herum genug Platz ist, damit er sich ausdehnen kann. Legen Sie die Platte in den Dampfkorb. Wiederholen Sie den Vorgang mit einem anderen Teller, mehr Seihtuch und der restlichen Wurst und dem Pak Choi im zweiten Dampfkorb, stapeln Sie ihn dann auf den ersten und decken Sie ihn ab.

d) Drehen Sie die Hitze auf mittelhoch und bringen Sie das Wasser zum Kochen. Den Reis 20 Minuten lang dämpfen, den Wasserstand häufig überprüfen und bei Bedarf mehr hinzufügen.

e) Während der Reis dämpft, das Pflanzenöl in einem kleinen Topf bei mittlerer Hitze erhitzen, bis es gerade anfängt zu rauchen. Schalten Sie die Hitze aus und fügen Sie die Schalotte, den Ingwer und den Knoblauch hinzu. Rühren Sie um und fügen Sie helles Soja, dunkles Soja, Reiswein, Sesamöl und eine Prise Zucker hinzu. Zum Abkühlen beiseite stellen.

f) Wenn der Reis fertig ist, lösen Sie vorsichtig das Seihtuch und geben Sie den Reis und den Pak Choi auf eine Platte. Die

Würstchen schräg in Scheiben schneiden und auf dem Reis anrichten. Mit dem Ingwer-Sojaöl an der Seite servieren.

## 22. Knoblauchnudeln

**Zutaten:**
- ½ Pfund frische chinesische Eiernudeln, gekocht
- 2 Esslöffel Sesamöl, geteilt
- 2 Esslöffel hellbrauner Zucker
- 2 Esslöffel Austernsauce
- 1 Esslöffel helle Sojasauce
- ½ Teelöffel gemahlener weißer Pfeffer
- 6 Esslöffel ungesalzene Butter
- 8 Knoblauchzehen, fein gehackt
- 6 Frühlingszwiebeln, in dünne Scheiben geschnitten

**Richtungen:**
a) Die Nudeln mit 1 Esslöffel Sesamöl beträufeln und schwenken. Beiseite legen.

b) In einer kleinen Schüssel den braunen Zucker, die Austernsauce, die helle Soja und den weißen Pfeffer verrühren. Beiseite legen.

c) Einen Wok bei mittlerer Hitze erhitzen und die Butter schmelzen. Fügen Sie den Knoblauch und die Hälfte der Frühlingszwiebeln hinzu. 30 Sekunden braten.

d) Gießen Sie die Sauce hinein und rühren Sie um, um sie mit der Butter und dem Knoblauch zu kombinieren. Die Soße zum Köcheln bringen und die Nudeln hinzugeben. Wenden Sie die

Nudeln, um sie mit der Soße zu bestreichen, bis sie durchgewärmt sind.

## 23. Singapur-Nudeln

**Zutaten:**

- ½ Pfund getrocknete Reisfadennudeln
- ½ Pfund mittelgroße Garnelen, geschält und entdarmt
- 3 Esslöffel Kokosöl, geteilt
- Koscheres Salz
- 1 kleine weiße Zwiebel, dünn in Streifen geschnitten
- ½ grüne Paprika, in dünne Streifen geschnitten
- ½ rote Paprika, in dünne Streifen geschnitten
- 2 Knoblauchzehen, fein gehackt
- 1 Tasse gefrorene Erbsen, aufgetaut
- ½ Pfund chinesischer Schweinebraten, in dünne Streifen geschnitten
- 2 Teelöffel Currypulver
- Frisch gemahlener schwarzer Pfeffer
- Saft von 1 Limette
- 8 bis 10 frische Korianderzweige

**Richtungen:**

a) Bringen Sie einen großen Topf Wasser zum Kochen bei starker Hitze. Schalten Sie die Hitze aus und fügen Sie die Nudeln hinzu. 4 bis 5 Minuten einweichen, bis die Nudeln undurchsichtig sind. Die Nudeln in einem Sieb vorsichtig abtropfen lassen. Die Nudeln mit kaltem Wasser abspülen und beiseite stellen.

b) In einer kleinen Schüssel die Garnelen mit der Fischsauce (falls verwendet) würzen und 5 Minuten beiseite stellen. Wenn Sie keine Fischsauce verwenden möchten, würzen Sie die Garnelen stattdessen mit einer Prise Salz.

c) Einen Wok bei mittlerer Hitze erhitzen, bis ein Tropfen Wasser brutzelt und bei Kontakt verdunstet. Gießen Sie 2 Esslöffel Kokosöl hinein und schwenken Sie es, um den Boden des Woks zu bedecken. Würzen Sie das Öl mit einer kleinen Prise Salz. Die Garnelen hinzugeben und 3 bis 4 Minuten braten, oder bis die Garnelen rosa werden. In eine saubere Schüssel umfüllen und beiseite stellen.

d) Fügen Sie den restlichen 1 Esslöffel Kokosöl hinzu und schwenken Sie, um den Wok zu beschichten. Zwiebel, Paprika und Knoblauch 3 bis 4 Minuten unter Rühren anbraten, bis die Zwiebeln und Paprika weich sind. Fügen Sie die Erbsen hinzu und braten Sie sie etwa eine weitere Minute lang an, bis sie gerade durchgeheizt sind.

e) Fügen Sie das Schweinefleisch hinzu und geben Sie die Garnelen zurück in den Wok. Mit dem Currypulver vermengen und mit Salz und Pfeffer abschmecken. Fügen Sie die Nudeln hinzu und mischen Sie alles. Die Nudeln nehmen eine brillante goldgelbe Farbe an, wenn Sie sie weiterhin vorsichtig mit den anderen Zutaten schwenken. Unter Rühren etwa 2 Minuten weiter braten und schwenken, bis die Nudeln durchgewärmt sind.

f) Die Nudeln auf eine Platte geben, mit Limettensaft beträufeln und mit Koriander garnieren. Sofort servieren.

## 24. Hakka-Nudeln

**Zutaten:**
- ¾ Pfund frische Nudeln auf Mehlbasis
- 3 Esslöffel Sesamöl, geteilt
- 2 Esslöffel helle Sojasauce
- 1 Esslöffel Reisessig
- 2 Teelöffel hellbrauner Zucker
- 1 Teelöffel Sriracha
- 1 Teelöffel gebratenes Chiliöl
- Koscheres Salz
- Gemahlener weißer Pfeffer
- 2 Esslöffel Pflanzenöl
- 1 Esslöffel geschälter, fein gehackter frischer Ingwer
- ½ Kopf Grünkohl, geraspelt
- ½ rote Paprika, in dünne Streifen geschnitten
- ½ rote Zwiebel, in dünne vertikale Streifen geschnitten
- 1 große Karotte, geschält und in Julienne geschnitten
- 2 Knoblauchzehen, fein gehackt
- 4 Frühlingszwiebeln, in dünne Scheiben geschnitten

**Richtungen:**

a) Einen Topf mit Wasser zum Kochen bringen und die Nudeln nach Packungsanweisung kochen. Abgießen, abspülen und mit 2 EL Sesamöl vermengen. Beiseite legen.

b) In einer kleinen Schüssel helles Soja, Reisessig, braunen Zucker, Sriracha, Chiliöl und jeweils eine Prise Salz und weißen Pfeffer verrühren. Beiseite legen.

c) Einen Wok bei mittlerer Hitze erhitzen, bis ein Tropfen Wasser brutzelt und bei Kontakt verdunstet. Gießen Sie das Pflanzenöl hinein und schwenken Sie es, um den Boden des Woks zu benetzen. Würze das Öl mit dem Ingwer und einer kleinen Prise Salz. Lassen Sie den Ingwer etwa 10 Sekunden lang im Öl brutzeln und leicht schwenken.

d) Kohl, Paprika, Zwiebel und Karotte dazugeben und 4 bis 5 Minuten unter Rühren braten, oder bis das Gemüse weich ist und die Zwiebel leicht zu karamellisieren beginnt. Fügen Sie den Knoblauch hinzu und braten Sie ihn etwa 30 Sekunden lang an, bis er duftet. Die Saucenmischung einrühren und zum Kochen bringen. Reduziere die Hitze auf mittlere Stufe und lasse die Sauce 1 bis 2 Minuten köcheln. Fügen Sie die Frühlingszwiebeln hinzu und mischen Sie alles.

e) Fügen Sie die Nudeln hinzu und mischen Sie alles. Erhöhen Sie die Hitze auf mittelhoch und braten Sie 1 bis 2 Minuten lang unter Rühren, um die Nudeln zu erhitzen. Auf eine Platte geben, mit dem restlichen 1 Esslöffel Sesamöl beträufeln und heiß servieren.

# 25. Pad Siehe Wir

**Zutaten:**

- 2 Teelöffel dunkle Sojasauce
- 2 Teelöffel Maisstärke
- 2 Teelöffel Fischsauce, geteilt
- $\frac{1}{2}$ Teelöffel koscheres Salz
- Gemahlener weißer Pfeffer
- $\frac{3}{4}$-Pfund-Flankensteak oder Lendenspitzen, quer zur Faser in $\frac{1}{8}$ Zoll dicke Scheiben geschnitten
- 2 Esslöffel Austernsauce
- 1 Esslöffel helle Sojasauce
- $\frac{1}{2}$ Teelöffel Zucker
- $1\frac{1}{2}$ Pfund frische breite Reisnudeln oder getrocknete Reisnudeln
- 5 Esslöffel Pflanzenöl, geteilt
- 4 Knoblauchzehen, in dünne Scheiben geschnitten
- 1 Bund chinesischer Brokkoli (Gai Lan), Stiele diagonal in $\frac{1}{2}$-Zoll-Stücke geschnitten, Blätter in mundgerechte Stücke geschnitten
- 2 große Eier, geschlagen

**Richtungen:**

a) In einer Rührschüssel dunkles Soja, Maisstärke, Fischsauce, Salz und eine Prise weißen Pfeffer verrühren. Fügen Sie die Rindfleischscheiben hinzu und schwenken Sie sie zum Überziehen. 10 Minuten zum Marinieren beiseite stellen.

b) In einer anderen Schüssel die Austernsauce, helle Soja, den restlichen 1 Teelöffel Fischsauce und Zucker verrühren. Beiseite legen.

c) Einen Wok bei mittlerer Hitze erhitzen, bis ein Tropfen Wasser brutzelt und bei Kontakt verdunstet. Gießen Sie 2 Esslöffel Öl hinein und schwenken Sie es, um den Boden des Woks zu bedecken. Das Rindfleisch mit einer Zange in den Wok geben und die Marinade aufbewahren. Braten Sie das Rindfleisch 2 bis 3 Minuten lang gegen den Wok an, bis es braun ist und sich eine angebratene Kruste bildet. Geben Sie das Rindfleisch in die Marinadeschüssel zurück und rühren Sie die Austernsaucenmischung ein.

d) Fügen Sie 2 weitere Esslöffel Öl hinzu und braten Sie den Knoblauch 30 Sekunden lang unter Rühren an. Fügen Sie die Stängel des chinesischen Brokkolis hinzu und braten Sie alles 45 Sekunden lang unter Rühren, wobei Sie alles in Bewegung halten, damit der Knoblauch nicht anbrennt.

e) Schieben Sie die Brokkolistiele an die Seiten des Woks und lassen Sie den Boden des Woks leer. Fügen Sie den restlichen 1 Esslöffel Öl hinzu und rühren Sie die Eier in die Vertiefung, dann werfen Sie sie zusammen.

f) Fügen Sie die Nudeln, die Soße und das Rindfleisch hinzu und schwenken Sie es schnell, um alle Zutaten zu kombinieren, und braten Sie es weitere 30 Sekunden lang unter Rühren. Fügen Sie die Brokkoliblätter hinzu und braten Sie weitere 30 Sekunden lang oder bis die Blätter zu welken beginnen. Auf eine Platte zurückgeben und sofort servieren.

## 26. Huhn Chow Mein

**Zutaten:**
- ½ Pfund frische dünne Eiernudeln nach Hongkonger Art
- 1½ Esslöffel Sesamöl, geteilt
- 2 Teelöffel Shaoxing-Reiswein
- 2 Teelöffel helle Sojasauce
- Gemahlener weißer Pfeffer
- ½ Pfund Hähnchenschenkel, in dünne Streifen geschnitten
- ¼ Tasse natriumarme Hühnerbrühe
- 2 Teelöffel dunkle Sojasauce
- 2 Teelöffel Austernsauce
- 2 Teelöffel Maisstärke
- 4 Esslöffel Pflanzenöl, geteilt
- 3 Köpfe Baby Pak Choi, in mundgerechte Stücke geschnitten
- 2 Knoblauchzehen, fein gehackt
- 1 große Handvoll (2 bis 3 Unzen) Mungobohnensprossen

**Richtungen:**
a) Einen Topf mit Wasser zum Kochen bringen und die Nudeln nach Packungsanweisung kochen. 1 Tasse des Kochwassers zurückbehalten und die Nudeln in einem Sieb abtropfen lassen. Die Nudeln mit kaltem Wasser abspülen und mit 1

Esslöffel Sesamöl beträufeln. Zum Überziehen geben und beiseite stellen.

b) Mischen Sie in einer Rührschüssel den Reiswein, helles Soja und eine Prise weißen Pfeffer. Die Hähnchenteile darin wenden und 10 Minuten marinieren. In einer kleinen Schüssel Hühnerbrühe, dunkles Soja, restlichen $\frac{1}{2}$ Esslöffel Sesamöl, Austernsauce und Maisstärke verrühren. Beiseite legen.

c) Einen Wok bei mittlerer Hitze erhitzen, bis ein Tropfen Wasser brutzelt und bei Kontakt verdunstet. Gießen Sie 3 Esslöffel Pflanzenöl hinein und schwenken Sie es, um den Boden des Woks zu bedecken. Fügen Sie die Nudeln in einer Schicht hinzu und braten Sie sie 2 bis 3 Minuten lang oder bis sie goldbraun sind. Die Nudeln vorsichtig wenden und auf der anderen Seite weitere 2 Minuten braten, oder bis die Nudeln knusprig und braun sind und sich zu einem lockeren Kuchen geformt haben. Auf einen mit Küchenpapier ausgelegten Teller geben und beiseite stellen.

d) Fügen Sie den restlichen 1 Esslöffel Pflanzenöl hinzu und braten Sie das Huhn und die Marinade 2 bis 3 Minuten lang, bis das Huhn nicht mehr rosa ist und die Marinade verdunstet ist. Pak Choi und Knoblauch dazugeben und unter Rühren braten, bis die Pak Choi-Stiele weich sind, etwa eine weitere Minute lang.

e) Gießen Sie die Sauce hinein und mischen Sie sie mit dem Hähnchen und dem Pak Choi.

f) Geben Sie die Nudeln zurück und schwenken Sie die Nudeln mit einer schöpfenden und hebenden Bewegung etwa 2 Minuten lang mit dem Huhn und dem Gemüse, bis sie mit der Sauce überzogen sind. Wenn die Nudeln etwas trocken erscheinen, fügen Sie beim Wenden etwa einen Esslöffel des aufgefangenen Kochwassers hinzu. Sojasprossen hinzufügen und unter Rühren braten, anheben und 1 weitere Minute schöpfen.

g) Auf eine Platte geben und heiß servieren.

## 27. Rindfleisch Lo Mein

**Zutaten:**
- ½ Pfund frische Lo Mein Eiernudeln, gekocht
- 2 Esslöffel Sesamöl, geteilt
- 2 Esslöffel Shaoxing-Reiswein
- 2 Esslöffel Maisstärke, geteilt
- 2 Esslöffel dunkle Sojasauce
- Gemahlener weißer Pfeffer
- ½ Pfund Rinderlendenspitzen, quer zur Faser in dünne Streifen geschnitten
- 3 Esslöffel Pflanzenöl, geteilt
- 2 geschälte frische Ingwerscheiben, jede etwa so groß wie ein Viertel
- Koscheres Salz
- ½ rote Paprika, in dünne Streifen geschnitten
- 1 Tasse Kaiserschoten, Fäden entfernt
- 2 Knoblauchzehen, fein gehackt
- 2 Tassen Mungobohnensprossen

**Richtungen:**
a) Die Nudeln mit 1 Esslöffel Sesamöl beträufeln und schwenken. Beiseite legen.

b) In einer Rührschüssel den Reiswein, 2 Teelöffel Maisstärke, dunkles Soja und eine großzügige Prise weißen Pfeffer verrühren. Fügen Sie das Rindfleisch hinzu und werfen Sie es zum Überziehen. 10 Minuten zum Marinieren beiseite stellen.

c) Einen Wok bei mittlerer Hitze erhitzen, bis ein Tropfen Wasser brutzelt und bei Kontakt verdunstet. Gießen Sie das Pflanzenöl hinein und schwenken Sie es, um den Boden des Woks zu benetzen. Würze das Öl mit dem Ingwer und einer kleinen Prise Salz. Lassen Sie den Ingwer etwa 30 Sekunden lang im Öl brutzeln und leicht schwenken. Fügen Sie das Rindfleisch hinzu, bewahren Sie die Marinade auf und braten Sie es 2 bis 3 Minuten lang im Wok an. Wenden und wenden Sie das Rindfleisch und braten Sie es 1 weitere Minute oder bis es nicht mehr rosa ist. In eine Schüssel umfüllen und beiseite stellen.

d) Fügen Sie den restlichen 1 Esslöffel Pflanzenöl hinzu und braten Sie die Paprika unter Wenden und Wenden für 2 bis 3 Minuten, bis sie weich ist. Kaiserschoten und Knoblauch dazugeben und eine weitere Minute unter Rühren braten, oder bis der Knoblauch duftet.

e) Schieben Sie alle Zutaten an die Seiten des Woks und gießen Sie das restliche Sesamöl, die reservierte Marinade, die restliche Maisstärke und das Kochwasser hinein. Zusammen verrühren und zum Kochen bringen. Das Rindfleisch wieder in den Wok geben und 1 bis 2 Minuten lang mit dem Gemüse vermengen.

f) Die Lo-Mein-Nudeln mit Rindfleisch und Gemüse mischen, bis die Nudeln mit der Soße überzogen sind. Die Sojasprossen hinzugeben und vermengen. Den Ingwer entfernen und entsorgen. Auf eine Platte geben und servieren.

# 28. Dan-Dan-Nudeln

**Zutaten:**

- ¾ Pfund dünne Weizennudeln
- 4 Unzen gemahlenes Schweinefleisch
- 4 Esslöffel Pflanzenöl, geteilt
- 2 Esslöffel Shaoxing-Reiswein, geteilt
- Koscheres Salz
- ¼ Tasse leichte Sojasauce
- 2 Esslöffel glatte Erdnussbutter
- 1 Esslöffel schwarzer Essig
- 3 Knoblauchzehen, fein gehackt
- 2 Teelöffel hellbrauner Zucker
- 1 Teelöffel Sichuan-Pfefferkörner, geröstet und gemahlen
- 1-Zoll-Stück frischer Ingwer, geschält und fein gehackt
- 1 Esslöffel fermentierte schwarze Bohnen, gespült und gehackt
- 2 kleine Köpfe Baby Pak Choy, grob gehackt
- 2 Esslöffel gebratenes Chiliöl
- ½ Tasse fein gehackte, trocken geröstete Erdnüsse

**Richtungen:**

a) Einen großen Topf mit Wasser zum Kochen bringen und die Nudeln nach Packungsanleitung kochen. Abgießen und mit kaltem Wasser abspülen und beiseite stellen. Füllen Sie den Topf mit frischem Wasser und bringen Sie es auf dem Herd zum Kochen.

b) In einer Schüssel das Schweinefleisch mit 1 Esslöffel Pflanzenöl, 1 Esslöffel Reiswein und einer Prise Salz vermischen. 10 Minuten zum Marinieren beiseite stellen.

c) In einer kleinen Schüssel den restlichen 1 Esslöffel Reiswein, helles Soja, Erdnussbutter, schwarzen Essig, Knoblauch, braunen Zucker, Sichuan-Pfefferkörner, Ingwer und schwarze Bohnen verquirlen. Beiseite legen.

d) Einen Wok bei mittlerer Hitze erhitzen, bis ein Tropfen Wasser brutzelt und bei Kontakt verdunstet. Gießen Sie 2 Esslöffel Pflanzenöl hinein und schwenken Sie es, um den Boden des Woks zu bedecken. Fügen Sie das Schweinefleisch hinzu und braten Sie es 4 bis 6 Minuten lang an, bis es gebräunt und leicht knusprig ist. Gießen Sie die Saucenmischung hinein und schwenken Sie sie, um sie zu kombinieren, und lassen Sie sie 1 Minute lang köcheln. In eine saubere Schüssel umfüllen und beiseite stellen.

e) Wischen Sie den Wok aus und fügen Sie den restlichen 1 Esslöffel Pflanzenöl hinzu. Braten Sie den Pak Choi schnell 1 bis 2 Minuten unter Rühren an, bis er gerade zusammengefallen und zart ist. In die Schweinefleischschüssel geben und verrühren.

f) Tauchen Sie die Nudeln zum Zusammenbauen 30 Sekunden lang in das kochende Wasser, um sie wieder aufzuwärmen. Abgießen und auf 4 tiefe Schüsseln verteilen.

# 29. Rindfleisch-Chow-Spaß

**Zutaten:**
- ¼ Tasse Shaoxing-Reiswein
- ¼ Tasse leichte Sojasauce
- 2 Esslöffel Maisstärke
- 1½ Esslöffel dunkle Sojasauce
- 1½ Esslöffel dunkle Sojasauce
- ½ Teelöffel Zucker
- ¾ Pfund Flankensteak oder Lendenspitzen, in Scheiben geschnitten
- 1½ Pfund frische breite Reisnudeln, gekocht
- 2 Esslöffel Sesamöl, geteilt
- 3 Esslöffel Pflanzenöl, geteilt
- 4 geschälte frische Ingwerscheiben
- 8 Frühlingszwiebeln, längs halbiert und in 3-Zoll-Stücke geschnitten
- 2 Tassen frische Mungobohnensprossen

**Richtungen:**
a) In einer Rührschüssel Reiswein, helle Soja, Maisstärke, dunkle Soja, Zucker und eine Prise weißen Pfeffer verrühren. Fügen Sie das Rindfleisch hinzu und werfen Sie es zum Überziehen. Mindestens 10 Minuten marinieren lassen.

b) Einen Wok bei mittlerer Hitze erhitzen, bis ein Tropfen Wasser brutzelt und bei Kontakt verdunstet. Gießen Sie 2 Esslöffel Pflanzenöl hinein und schwenken Sie es, um den Boden des Woks zu bedecken. Würze das Öl mit dem Ingwer und einer Prise Salz. Lassen Sie den Ingwer etwa 30 Sekunden lang im Öl brutzeln und leicht schwenken.

c) Das Rindfleisch mit einer Zange in den Wok geben und die Marinierflüssigkeit auffangen. Braten Sie das Rindfleisch 2 bis 3 Minuten lang gegen den Wok an oder bis sich eine angebratene, gebräunte Kruste entwickelt. Das Rindfleisch noch 1 Minute im Wok wenden und wenden. In eine saubere Schüssel umfüllen und beiseite stellen.

d) Fügen Sie 1 weiteren Esslöffel Pflanzenöl hinzu und braten Sie die Frühlingszwiebeln 30 Sekunden lang oder bis sie weich sind. Fügen Sie die Nudeln hinzu und heben Sie sie mit einer schaufelnden Aufwärtsbewegung an, um die Nudeln zu trennen, wenn sie zusammenkleben. Wenn sich die Nudeln wirklich verklebt haben, das Kochwasser 1 Esslöffel auf einmal zugeben.

e) Das Rindfleisch zurück in den Wok geben und mit den Nudeln vermengen. Gießen Sie die reservierte Marinade hinein und schwenken Sie sie 30 Sekunden bis 1 Minute lang oder bis die Sauce eindickt und die Nudeln überzieht und sie eine tiefe, satte braune Farbe annehmen. Bei Bedarf 1 Esslöffel des aufgefangenen Kochwassers zum Verdünnen der Sauce hinzugeben. Fügen Sie die Sojasprossen hinzu und schwenken Sie sie, bis sie gerade durchgewärmt sind, etwa 1 Minute. Den Ingwer entfernen und entsorgen.

f) Auf eine Platte geben und mit dem restlichen 1 Esslöffel Sesamöl beträufeln. Heiß servieren.

# 30. Salz- und Pfeffergarnelen

**Zutaten:**

- 1 Esslöffel koscheres Salz
- 1½ Teelöffel Sichuan-Pfefferkörner
- 1½ Pfund große Garnelen (U31-35), geschält und entdarmt, Schwänze dran gelassen
- ½ Tasse Pflanzenöl
- 1 Tasse Maisstärke
- 4 Frühlingszwiebeln, schräg geschnitten
- 1 Jalapeño-Paprika, halbiert und entkernt, in dünne Scheiben geschnitten
- 6 Knoblauchzehen, in dünne Scheiben geschnitten

**Richtungen:**

a) In einer kleinen Bratpfanne oder Pfanne bei mittlerer Hitze Salz und Pfefferkörner anrösten, bis sie aromatisch sind, dabei häufig schütteln und umrühren, um ein Anbrennen zu vermeiden. Zum vollständigen Abkühlen in eine Schüssel geben. Salz und Pfefferkörner zusammen in einer Gewürzmühle oder mit Mörser und Stößel mahlen. In eine Schüssel umfüllen und beiseite stellen.

b) Tupfen Sie die Garnelen mit einem Papiertuch trocken.

c) Erhitzen Sie das Öl in einem Wok bei mittlerer Hitze auf 375 °F oder bis es am Ende eines Holzlöffels Blasen wirft und brutzelt.

d) Die Maisstärke in eine große Schüssel geben. Kurz bevor Sie bereit sind, die Garnelen zu braten, werfen Sie die Hälfte der Garnelen in die Maisstärke und schütteln Sie überschüssige Maisstärke ab.

e) Braten Sie die Garnelen 1 bis 2 Minuten lang, bis sie rosa werden. Geben Sie die gebratenen Garnelen mit einem Wok-Schaumlöffel zum Abtropfen auf einen Rost, der über einem Backblech steht. Wiederholen Sie den Vorgang mit den restlichen Garnelen, werfen Sie sie in Maisstärke, braten Sie sie und geben Sie sie zum Abtropfen auf den Rost.

f) Sobald alle Garnelen gekocht sind, entfernen Sie vorsichtig alles bis auf 2 Esslöffel Öl und stellen Sie den Wok wieder auf mittlere Hitze. Frühlingszwiebeln, Jalapeño und Knoblauch dazugeben und unter Rühren braten, bis die Frühlingszwiebeln und Jalapeño hellgrün werden und der Knoblauch duftet. Die Garnelen zurück in den Wok geben, mit der Salz-Pfeffer-Mischung abschmecken (möglicherweise nicht alles verwenden) und zum Überziehen wenden. Die Garnelen auf eine Platte geben und heiß servieren.

## 31. Betrunkene Garnelen

AUFSCHLÄGE 4

**Zutaten:**

- 2 Tassen Shaoxing-Reiswein
- 4 geschälte frische Ingwerscheiben, jede etwa so groß wie ein Viertel
- 2 Esslöffel getrocknete Goji-Beeren (optional)
- 2 Teelöffel Zucker
- 1-Pfund-Jumbo-Garnelen (U21-25), geschält und entdarmt, Schwänze dran gelassen
- 2 Esslöffel Pflanzenöl
- Koscheres Salz
- 2 Teelöffel Maisstärke

**Richtungen:**

a) In einer großen Rührschüssel Reiswein, Ingwer, Goji-Beeren (falls verwendet) und Zucker verrühren, bis sich der Zucker aufgelöst hat. Garnelen hinzugeben und abdecken. 20 bis 30 Minuten im Kühlschrank marinieren.

b) Gießen Sie die Garnelen und die Marinade in ein Sieb, das über einer Schüssel steht. Reservieren Sie $\frac{1}{2}$ Tasse der Marinade und werfen Sie den Rest weg.

c) Einen Wok bei mittlerer Hitze erhitzen, bis ein Tropfen Wasser brutzelt und bei Kontakt verdunstet. Gießen Sie das Öl hinein und schwenken Sie es, um den Boden des Woks zu bedecken. Das Öl mit einer kleinen Prise Salz würzen und leicht schwenken.

d) Die Garnelen hinzufügen und kräftig anbraten, dabei eine Prise Salz hinzufügen, während Sie die Garnelen wenden und im Wok schwenken. Bewegen Sie die Garnelen etwa 3 Minuten lang, bis sie gerade rosa werden.

e) Rühren Sie die Maisstärke in die reservierte Marinade und gießen Sie sie über die Garnelen. Garnelen schwenken und mit der Marinade bestreichen. Es wird zu einer glänzenden Sauce verdicken, wenn es zu kochen beginnt, etwa weitere 5 Minuten länger.

f) Die Garnelen und Goji-Beeren auf eine Platte geben, den Ingwer wegwerfen und heiß servieren.

## 32. Walnuss-Garnelen

**Zutaten:**

- Antihaft-Pflanzenölspray
- 1-Pfund-Jumbo-Garnelen (U21-25), geschält
- 25 bis 30 Walnusshälften
- 3 Tassen Pflanzenöl zum Braten
- 2 Esslöffel Zucker
- 2 Esslöffel Wasser
- $\frac{1}{4}$ Tasse Mayonnaise
- 3 EL gezuckerte Kondensmilch
- $\frac{1}{4}$ Teelöffel Reisessig
- Koscheres Salz
- ⅓ Tasse Maisstärke

**Richtungen:**

a) Ein Backblech mit Backpapier auslegen und leicht mit Kochspray einsprühen. Beiseite legen.

b) Butterfly die Garnelen, indem Sie sie mit der gebogenen Seite nach unten auf ein Schneidebrett halten. Führen Sie vom Kopfbereich ausgehend die Spitze eines Schälmessers zu drei Viertel in die Garnelen ein. Machen Sie eine Scheibe in der Mitte des Rückens der Garnele bis zum Schwanz. Schneide die Garnelen nicht ganz durch und schneide nicht in den Schwanzbereich. Öffnen Sie die Garnele wie ein Buch und breiten Sie sie flach aus. Wischen Sie die Vene (den Verdauungstrakt der Garnele) ab, falls sie sichtbar ist, und spülen Sie die Garnele unter kaltem Wasser ab und tupfen Sie sie dann mit einem Papiertuch trocken. Beiseite legen.

c) Erhitzen Sie das Öl in einem Wok bei mittlerer Hitze auf 375 °F oder bis es am Ende eines Holzlöffels Blasen wirft und brutzelt. Braten Sie die Walnüsse 3 bis 4 Minuten lang goldbraun an und geben Sie die Walnüsse mit einem Wok-Schaum auf einen mit Küchenpapier ausgelegten Teller. Beiseite stellen und die Hitze ausschalten.

d) Zucker und Wasser in einem kleinen Topf verrühren und bei mittlerer Hitze unter gelegentlichem Rühren zum Kochen bringen, bis sich der Zucker aufgelöst hat. Reduzieren Sie die Hitze auf mittlere Stufe und köcheln Sie, um den Sirup für 5 Minuten zu reduzieren, oder bis der Sirup dick und glänzend ist. Fügen Sie die Walnüsse hinzu und schwenken Sie sie, um sie vollständig mit dem Sirup zu überziehen. Die Nüsse auf das vorbereitete Backblech geben und zum Abkühlen beiseite stellen. Der Zucker sollte sich um die Nüsse herum verhärten und eine kandierte Schale bilden.

e) In einer kleinen Schüssel Mayonnaise, Kondensmilch, Reisessig und eine Prise Salz verrühren. Beiseite legen.

f) Bringen Sie das Woköl bei mittlerer bis hoher Hitze wieder auf 375 ° F zurück. Während das Öl erhitzt wird, die Garnelen leicht mit einer Prise Salz würzen. In einer Rührschüssel die Garnelen mit der Maisstärke mischen, bis sie gut bedeckt sind. Arbeite in kleinen Chargen, schüttle die überschüssige Maisstärke von den Garnelen und brate sie im Öl an, bewege sie schnell im Öl, damit sie nicht zusammenkleben. Die Garnelen 2 bis 3 Minuten goldbraun braten.

g) In eine saubere Rührschüssel geben und die Sauce darüber träufeln. Vorsichtig falten, bis die Garnelen gleichmäßig bedeckt sind. Garnelen auf einer Platte anrichten und mit kandierten Walnüssen garnieren. Heiß servieren.

# 33. Samtige Jakobsmuscheln

**Zutaten:**

- 1 großes Eiweiß
- 2 Esslöffel Maisstärke
- 2 Esslöffel Shaoxing-Reiswein, geteilt
- 1 Teelöffel koscheres Salz, geteilt
- 1 Pfund frische Jakobsmuscheln, gespült, Muskel entfernt und trocken getupft
- 3 Esslöffel Pflanzenöl, geteilt
- 1 Esslöffel helle Sojasauce
- $\frac{1}{4}$ Tasse frisch gepresster Orangensaft
- Abgeriebene Schale von 1 Orange
- Paprikaflocken (optional)
- 2 Frühlingszwiebeln, nur der grüne Teil, in dünne Scheiben geschnitten, zum Garnieren

**Richtungen:**

a) In einer großen Schüssel Eiweiß, Maisstärke, 1 Esslöffel Reiswein und $\frac{1}{2}$ Teelöffel Salz mischen und mit einem kleinen Schneebesen umrühren, bis sich die Maisstärke vollständig aufgelöst hat und nicht mehr klumpig ist. Die Jakobsmuscheln hineingeben und 30 Minuten kühl stellen.

b) Jakobsmuscheln aus dem Kühlschrank nehmen. Einen mittelgroßen Topf mit Wasser zum Kochen bringen. 1 Esslöffel Pflanzenöl hinzugeben und auf kleiner Flamme köcheln lassen. Die Jakobsmuscheln in das siedende Wasser geben und unter ständigem Rühren 15 bis 20 Sekunden kochen, bis die Jakobsmuscheln gerade trüb werden (die Jakobsmuscheln werden nicht vollständig durchgegart). Die Jakobsmuscheln mit einem Wokschaum auf ein mit Küchenpapier ausgelegtes Backblech geben und mit Küchenpapier trocken tupfen.

c) In einem Messbecher aus Glas den restlichen 1 Esslöffel Reiswein, leichtes Soja, Orangensaft, Orangenschale und eine Prise Paprikaflocken (falls verwendet) mischen und beiseite stellen.

d) Einen Wok bei mittlerer Hitze erhitzen, bis ein Tropfen Wasser brutzelt und bei Kontakt verdunstet. Gießen Sie die restlichen 2 Esslöffel Öl hinein und schwenken Sie, um den Boden des Woks zu bedecken. Würzen Sie das Öl, indem Sie die restlichen $\frac{1}{2}$ Teelöffel Salz hinzufügen.

e) Samtige Jakobsmuscheln in den Wok geben und in der Sauce schwenken. Braten Sie die Jakobsmuscheln etwa 1 Minute lang an, bis sie gerade durchgegart sind. Auf eine Servierplatte geben und mit den Frühlingszwiebeln garnieren.

## 34. Meeresfrüchte und Veggie Pfannengerichte mit Nudeln

## Zutaten:

- 1 Tasse Pflanzenöl, geteilt
- 3 geschälte frische Ingwerscheiben
- Koscheres Salz
- 1 rote Paprika, in 1-Zoll-Stücke geschnitten
- 1 kleine weiße Zwiebel, in dünne, lange vertikale Streifen geschnitten
- 1 große Handvoll Kaiserschoten, Fäden entfernt
- 2 große Knoblauchzehen, fein gehackt
- ½ Pfund Garnelen oder Fisch, in 1-Zoll-Stücke geschnitten
- 1 Esslöffel schwarze Bohnensauce
- ½ Pfund getrocknete Fadennudeln oder Bohnenfadennudeln

## Richtungen:

a) Einen Wok bei mittlerer Hitze erhitzen, bis ein Tropfen Wasser brutzelt und bei Kontakt verdunstet. Gießen Sie 2 Esslöffel Öl hinein und schwenken Sie es, um den Boden des Woks zu bedecken. Würze das Öl mit den Ingwerscheiben und einer kleinen Prise Salz. Lassen Sie den Ingwer etwa 30 Sekunden lang im Öl brutzeln und leicht schwenken.

b) Fügen Sie die Paprika und die Zwiebel hinzu und braten Sie sie schnell an, indem Sie sie mit einem Pfannenwender im Wok schwenken und wenden.

c) Leicht mit Salz würzen und weitere 4 bis 6 Minuten unter Rühren braten, bis die Zwiebel weich und durchscheinend aussieht. Zuckererbsen und Knoblauch hinzufügen, schwenken und wenden, bis der Knoblauch duftet, etwa eine weitere Minute lang. Das Gemüse auf einen Teller geben.

d) Nochmals 1 Esslöffel Öl erhitzen und die Garnelen oder den Fisch hinzugeben. Vorsichtig schwenken und leicht mit einer kleinen Prise Salz würzen. 3 bis 4 Minuten unter Rühren braten, oder bis die Garnelen rosa werden oder der Fisch zu schuppen beginnt. Das Gemüse zurückgeben und alles zusammen noch 1 Minute schwenken. Werfen Sie den Ingwer weg und geben Sie die Garnelen auf eine Platte. Zelt mit Folie zum Warmhalten.

e) Wischen Sie den Wok aus und kehren Sie zu mittlerer Hitze zurück. Gießen Sie das restliche Öl (ca. $\frac{3}{4}$ Tasse) hinein und erhitzen Sie es auf 375 ° F oder bis es am Ende eines Holzlöffels sprudelt und brutzelt. Sobald das Öl auf Temperatur ist, die getrockneten Nudeln hinzugeben. Sie fangen sofort an zu puffen und steigen aus dem Öl auf. Drehen Sie die Nudelwolke mit einer Zange um, wenn Sie die Oberseite braten müssen, und heben Sie sie vorsichtig aus dem Öl und geben Sie sie zum Abtropfen und Abkühlen auf einen mit Küchenpapier ausgelegten Teller.

f) Die Nudeln vorsichtig in kleinere Stücke brechen und über das gebratene Gemüse und die Garnelen streuen. Dienen

## 35. Kokosnuss-Curry-Krabbe

**Zutaten:**

- 2 Esslöffel Pflanzenöl
- 2 geschälte Scheiben frischer Ingwer, etwa so groß wie ein Viertel
- Koscheres Salz
- 1 Schalotte, in dünne Scheiben geschnitten
- 1 Esslöffel Currypulver
- 1 (13,5 Unzen) Dose Kokosmilch
- $\frac{1}{4}$ Teelöffel Zucker
- 1 Esslöffel Shaoxing-Reiswein
- 1-Pfund-Krebsfleisch aus der Dose, abgetropft und durchgestochen, um Schalenstücke zu entfernen
- Frisch gemahlener schwarzer Pfeffer
- $\frac{1}{4}$ Tasse gehackter frischer Koriander oder glatte Petersilie zum Garnieren
- Gekochter Reis zum Servieren

**Richtungen:**

a) Einen Wok bei mittlerer Hitze erhitzen, bis ein Tropfen Wasser brutzelt und bei Kontakt verdunstet. Gießen Sie das Öl hinein und schwenken Sie es, um den Boden des Woks zu bedecken. Würze das Öl mit den Ingwerscheiben und einer

Prise Salz. Lassen Sie den Ingwer etwa 30 Sekunden lang im Öl brutzeln und leicht schwenken.

b) Die Schalotte zugeben und etwa 10 Sekunden braten. Fügen Sie das Currypulver hinzu und rühren Sie weitere 10 Sekunden, bis es duftet.

c) Kokosmilch, Zucker und Reiswein einrühren, den Wok abdecken und 5 Minuten garen.

d) Rühren Sie die Krabben ein, decken Sie sie mit dem Deckel ab und kochen Sie, bis sie durchgewärmt sind, etwa 5 Minuten. Den Deckel abnehmen, mit Salz und Pfeffer würzen und den Ingwer wegwerfen. Über eine Schüssel Reis schöpfen und mit gehacktem Koriander garnieren.

# 36. Frittierter Tintenfisch mit schwarzem Pfeffer

## Zutaten:

- 3 Tassen Pflanzenöl
- 1-Pfund-Tintenfischröhren und Tentakel, gereinigt und in die Röhren geschnitten ⅓-Zoll-Ringe
- ½ Tasse Reismehl
- Koscheres Salz
- ¼ Teelöffel frisch gemahlener schwarzer Pfeffer
- ¾ Tasse Sprudelwasser, eiskalt gehalten
- 2 Esslöffel grob gehackter frischer Koriander

## Richtungen:

a) Gießen Sie das Öl in den Wok; das Öl sollte etwa 1 bis 1½ Zoll hoch sein. Bringen Sie das Öl bei mittlerer bis hoher Hitze auf 375 ° F. Sie können erkennen, dass das Öl die richtige Temperatur hat, wenn das Öl am Ende eines Holzlöffels sprudelt und brutzelt, wenn er hineingetaucht wird. Tupfen Sie den Tintenfisch mit Küchenpapier trocken.

b) Währenddessen in einer flachen Schüssel das Reismehl mit einer Prise Salz und Pfeffer verrühren. Gerade so viel Sprudelwasser einrühren, dass ein dünner Teig entsteht. Den Tintenfisch unterheben und portionsweise mit einem Schaumlöffel oder Schaumlöffel aus dem Teig heben und überschüssigen Teig abschütteln. Vorsichtig in das heiße Öl absenken.

c) Kochen Sie den Tintenfisch etwa 3 Minuten lang, bis er goldbraun und knusprig ist. Mit einem Wok-Schaumlöffel die Calamari aus dem Öl nehmen und auf einen mit Küchenpapier ausgelegten Teller geben und leicht mit Salz würzen. Wiederholen Sie mit dem restlichen Tintenfisch.

d) Den Tintenfisch auf eine Platte geben und mit dem Koriander garnieren. Heiß servieren.

## 37. Frittierte Austern mit Chili-Knoblauch-Konfetti

**Zutaten:**

- 1 (16 Unzen) Behälter kleine geschälte Austern
- ½ Tasse Reismehl
- ½ Tasse Allzweckmehl, geteilt
- ½ Teelöffel Backpulver
- Koscheres Salz
- Gemahlener weißer Pfeffer
- ¼ Teelöffel Zwiebelpulver
- ¾ Tasse Sprudelwasser, gekühlt
- 1 Teelöffel Sesamöl
- 3 Tassen Pflanzenöl
- 3 große Knoblauchzehen, in dünne Scheiben geschnitten
- 1 kleine rote Chili, fein gewürfelt
- 1 kleine grüne Chili, fein gewürfelt
- 1 Frühlingszwiebel, in dünne Scheiben geschnitten

**Richtungen:**

a) In einer Rührschüssel das Reismehl, ¼ Tasse Allzweckmehl, Backpulver, je eine Prise Salz und weißen Pfeffer und

Zwiebelpulver verrühren. Sprudelwasser und Sesamöl dazugeben, glatt rühren und beiseite stellen.

b) Erhitzen Sie das Pflanzenöl in einem Wok bei mittlerer Hitze auf 375 °F oder bis es am Ende eines Holzlöffels Blasen wirft und brutzelt.

c) Die Austern mit einem Papiertuch abtupfen und in der restlichen ¼ Tasse Allzweckmehl ausbaggern. Tauchen Sie die Austern einzeln in den Reismehlteig und senken Sie sie vorsichtig in das heiße Öl.

d) Braten Sie die Austern 3 bis 4 Minuten lang oder bis sie goldbraun sind. Zum Abtropfen auf ein Drahtkühlgestell geben, das über einem Backblech angebracht ist. Leicht mit Salz bestreuen.

e) Stellen Sie die Öltemperatur auf 375 °F zurück und braten Sie den Knoblauch und die Chilis kurz, bis sie knusprig, aber immer noch hell gefärbt sind, etwa 45 Sekunden. Mit einem Schaumlöffel aus dem Öl heben und auf einen mit Küchenpapier ausgelegten Teller legen.

f) Die Austern auf einer Platte anrichten und mit Knoblauch und Chilis bestreuen. Mit den geschnittenen Frühlingszwiebeln garnieren und sofort servieren.

# 38. Kung Pao Hühnerfleisch

**Zutaten:**

- 3 Teelöffel helle Sojasauce
- 2½ Teelöffel Maisstärke
- 2 Teelöffel chinesischer schwarzer Essig
- 1 Teelöffel Shaoxing-Reiswein
- 1 Teelöffel Sesamöl
- ¾ Pfund knochenlose, hautlose Hähnchenschenkel, in 1 Zoll geschnitten
- 2 Esslöffel Pflanzenöl
- 6 bis 8 ganze getrocknete rote Chilis
- 3 Frühlingszwiebeln, weiße und grüne Teile getrennt, in dünne Scheiben geschnitten
- 2 Knoblauchzehen, gehackt
- 1 Teelöffel geschälter, gehackter frischer Ingwer
- ¼ Tasse ungesalzene, trocken geröstete Erdnüsse

**Richtungen:**

a) In einer mittelgroßen Schüssel helles Soja, Maisstärke, schwarzen Essig, Reiswein und Sesamöl verrühren, bis sich die Maisstärke aufgelöst hat. Fügen Sie das Huhn hinzu und rühren Sie es vorsichtig um, um es zu beschichten.

Marinieren Sie für 10 bis 15 Minuten oder genug Zeit, um die restlichen Zutaten zuzubereiten.

b) Einen Wok bei mittlerer Hitze erhitzen, bis ein Tropfen Wasser brutzelt und bei Kontakt verdunstet. Gießen Sie das Pflanzenöl hinein und schwenken Sie es, um den Boden des Woks zu benetzen.

c) Fügen Sie die Chilis hinzu und braten Sie sie etwa 10 Sekunden lang an oder bis sie gerade anfangen, schwarz zu werden und das Öl leicht duftet.

d) Fügen Sie das Huhn hinzu, bewahren Sie die Marinade auf und braten Sie es 3 bis 4 Minuten lang, bis es nicht mehr rosa ist.

e) Frühlingszwiebeln, Knoblauch und Ingwer hinzugeben und etwa 30 Sekunden unter Rühren braten. Gießen Sie die Marinade hinein und mischen Sie, um das Huhn zu bestreichen. Die Erdnüsse hinzugeben und weitere 2 bis 3 Minuten kochen, bis die Sauce glänzt.

f) Auf eine Servierplatte geben, mit dem Frühlingszwiebelgrün garnieren und heiß servieren.

## 39. Brokkoli-Huhn

**Zutaten:**

- 1 Esslöffel Shaoxing-Reiswein
- 2 Teelöffel helle Sojasauce
- 1 Teelöffel gehackter Knoblauch
- 1 Teelöffel Maisstärke
- $\frac{1}{4}$ Teelöffel Zucker
- $\frac{3}{4}$ Pfund knochenlose, hautlose Hähnchenschenkel, in 2-Zoll-Stücke geschnitten
- 2 Esslöffel Pflanzenöl
- 4 geschälte frische Ingwerscheiben, etwa so groß wie ein Viertel
- Koscheres Salz
- 1 Pfund Brokkoli, in mundgerechte Röschen geschnitten
- 2 Esslöffel Wasser
- Paprikaflocken (optional)
- $\frac{1}{4}$ Tasse schwarze Bohnensauce oder im Laden gekaufte schwarze Bohnensauce

**Richtungen:**

a) In einer kleinen Schüssel Reiswein, leichte Soja, Knoblauch, Maisstärke und Zucker mischen. Fügen Sie das Hähnchen hinzu und marinieren Sie es 10 Minuten lang.

b) Einen Wok bei mittlerer Hitze erhitzen, bis ein Tropfen Wasser brutzelt und bei Kontakt verdunstet. Gießen Sie das Pflanzenöl hinein und schwenken Sie es, um den Boden des Woks zu benetzen. Ingwer und eine Prise Salz hinzugeben. Lassen Sie den Ingwer etwa 30 Sekunden brutzeln und dabei leicht schwenken.

c) Übertragen Sie das Huhn in den Wok und verwerfen Sie die Marinade. Hühnchen 4 bis 5 Minuten unter Rühren braten, bis es nicht mehr rosa ist. Brokkoli, Wasser und eine Prise rote Paprikaflocken (falls verwendet) hinzufügen und 1 Minute unter Rühren braten. Decken Sie den Wok ab und dämpfen Sie den Brokkoli 6 bis 8 Minuten lang, bis er knusprig-zart ist.

d) Rühren Sie die schwarze Bohnensauce ein, bis sie bedeckt und durchgewärmt ist, etwa 2 Minuten, oder bis die Sauce leicht eingedickt ist und glänzend wird.

e) Den Ingwer wegwerfen, auf eine Platte geben und heiß servieren.

# 40. Mandarinenschale Huhn

**Zutaten:**

- 3 große Eiweiße
- 2 Esslöffel Maisstärke
- $1\frac{1}{2}$ Esslöffel helle Sojasauce, geteilt
- $\frac{1}{4}$ Teelöffel gemahlener weißer Pfeffer
- $\frac{3}{4}$ Pfund knochenlose, hautlose Hähnchenschenkel, in mundgerechte Stücke geschnitten
- 3 Tassen Pflanzenöl
- 4 geschälte frische Ingwerscheiben, jede etwa so groß wie ein Viertel
- 1 Teelöffel Sichuan-Pfefferkörner, leicht geknackt
- Koscheres Salz
- $\frac{1}{2}$ gelbe Zwiebel, dünn in $\frac{1}{4}$ Zoll breite Streifen geschnitten
- Schale einer Mandarine, in $\frac{1}{8}$ Zoll dicke Streifen geschreddert
- Saft von 2 Mandarinen (ca. $\frac{1}{2}$ Tasse)
- 2 Teelöffel Sesamöl
- $\frac{1}{2}$ Teelöffel Reisessig
- Hellbrauner Zucker

- 2 Frühlingszwiebeln, in dünne Scheiben geschnitten, zum Garnieren

- 1 Esslöffel Sesamsamen zum Garnieren

**Richtungen:**

a) In einer Rührschüssel mit einer Gabel oder einem Schneebesen das Eiweiß schlagen, bis es schaumig ist und bis die festeren Klumpen schaumig sind. Maisstärke, 2 Teelöffel helles Soja und weißen Pfeffer einrühren, bis alles gut vermischt ist. Das Hühnchen unterheben und 10 Minuten marinieren.

b) Gießen Sie das Öl in den Wok; das Öl sollte etwa 1 bis $1\frac{1}{2}$ Zoll hoch sein. Bringen Sie das Öl bei mittlerer bis hoher Hitze auf 375 ° F. Sie können feststellen, dass das Öl die richtige Temperatur hat, wenn Sie das Ende eines Holzlöffels in das Öl tauchen. Wenn das Öl um ihn herum sprudelt und brutzelt, ist das Öl fertig.

c) Heben Sie das Hähnchen mit einer Schaumkelle oder einem Wokschaum aus der Marinade und schütteln Sie den Überschuss ab. Vorsichtig in das heiße Öl absenken. Braten Sie das Hähnchen portionsweise 3 bis 4 Minuten lang oder bis das Hähnchen goldbraun und knusprig auf der Oberfläche ist. Auf einen mit Küchenpapier ausgelegten Teller geben.

d) Gießen Sie alles bis auf 1 Esslöffel Öl aus dem Wok und stellen Sie es auf mittlere bis hohe Hitze. Schwenken Sie das Öl, um den Boden des Woks zu beschichten. Würze das

Öl mit Ingwer, Pfefferkörnern und einer Prise Salz. Lassen Sie den Ingwer und die Pfefferkörner etwa 30 Sekunden im Öl brutzeln und leicht schwenken.

e) Fügen Sie die Zwiebel hinzu und braten Sie sie unter Rühren an, indem Sie sie 2 bis 3 Minuten lang mit einem Pfannenwender wenden und wenden, oder bis die Zwiebel weich und durchscheinend wird. Fügen Sie die Mandarinenschale hinzu und braten Sie sie eine weitere Minute oder bis sie duftet.

f) Mandarinensaft, Sesamöl, Essig und eine Prise braunen Zucker hinzugeben. Die Sauce zum Kochen bringen und etwa 6 Minuten köcheln lassen, bis sie auf die Hälfte reduziert ist. Es sollte sirupartig und sehr würzig sein. Abschmecken und bei Bedarf eine Prise Salz hinzufügen.

g) Schalten Sie die Hitze aus und fügen Sie das gebratene Huhn hinzu und schwenken Sie es, um es mit der Sauce zu bestreichen. Übertragen Sie das Huhn auf eine Platte, werfen Sie den Ingwer weg und garnieren Sie es mit den geschnittenen Frühlingszwiebeln und Sesamsamen. Heiß servieren.

# 41. Cashew-Hühnchen

# SERVIERT 4 BIS 6

## Zutaten:

- 1 Esslöffel helle Sojasauce
- 2 Teelöffel Shaoxing-Reiswein
- 2 Teelöffel Maisstärke
- 1 Teelöffel Sesamöl
- ½ Teelöffel gemahlene Sichuan-Pfefferkörner
- ¾ Pfund knochenlose, hautlose Hähnchenschenkel, in 1-Zoll-Würfel geschnitten
- 2 Esslöffel Pflanzenöl
- ½-Zoll-Stück geschälter fein gehackter frischer Ingwer
- Koscheres Salz
- ½ rote Paprika, in ½-Zoll-Stücke geschnitten
- 1 kleine Zucchini, in ½-Zoll-Stücke geschnitten
- 2 Knoblauchzehen, gehackt
- ½ Tasse ungesalzene trocken geröstete Cashewnüsse
- 2 Frühlingszwiebeln, weiße und grüne Teile getrennt, in dünne Scheiben geschnitten

## Richtungen:

a) In einer mittelgroßen Schüssel das helle Soja, den Reiswein, die Maisstärke, das Sesamöl und den Sichuan-Pfeffer verrühren. Fügen Sie das Huhn hinzu und rühren Sie es vorsichtig um, um es zu beschichten. Lassen Sie es 15 Minuten marinieren oder lange genug, um die restlichen Zutaten zuzubereiten.

b) Einen Wok bei mittlerer Hitze erhitzen, bis ein Tropfen Wasser brutzelt und bei Kontakt verdunstet. Gießen Sie das Pflanzenöl hinein und schwenken Sie es, um den Boden des Woks zu benetzen. Würze das Öl mit dem Ingwer und einer Prise Salz. Lassen Sie den Ingwer etwa 30 Sekunden lang im Öl brutzeln und leicht schwenken.

c) Das Hähnchen mit einer Zange aus der Marinade heben und in den Wok geben, dabei die Marinade aufbewahren. Hühnchen 4 bis 5 Minuten unter Rühren braten, bis es nicht mehr rosa ist. Rote Paprika, Zucchini und Knoblauch dazugeben und 2 bis 3 Minuten unter Rühren braten, oder bis das Gemüse weich ist.

d) Gießen Sie die Marinade hinein und mischen Sie, um die anderen Zutaten zu beschichten. Die Marinade zum Kochen bringen und unter Rühren 1 bis 2 Minuten weiter braten, bis die Sauce dickflüssig und glänzend wird. Die Cashewnüsse unterrühren und eine weitere Minute kochen.

e) Auf eine Servierplatte geben, mit den Frühlingszwiebeln garnieren und heiß servieren.

## 42. Velvet Chicken und Kaiserschoten

**Zutaten:**

- 2 große Eiweiße
- 2 Esslöffel Maisstärke plus 1 Teelöffel
- ¾ Pfund knochenlose, hautlose Hähnchenbrust
- 3½ Esslöffel Pflanzenöl, geteilt
- ⅓ Tasse natriumarme Hühnerbrühe
- 1 Esslöffel Shaoxing-Reiswein
- Koscheres Salz
- Gemahlener weißer Pfeffer
- 4 geschälte frische Ingwerscheiben
- 1 (4-Unzen) Dose in Scheiben geschnittene Bambussprossen, gespült und abgetropft
- 3 Knoblauchzehen, gehackt
- ¾ Pfund Kaiserschoten oder Zuckerschoten, Fäden entfernt

**Richtungen:**

a) In einer Rührschüssel mit einer Gabel oder einem Schneebesen das Eiweiß schlagen, bis es schaumig ist und die festeren Eiweißklumpen schaumig sind. Rühren Sie die 2 Esslöffel Maisstärke ein, bis alles gut vermischt und nicht mehr klumpig ist. Hühnchen und 1 Esslöffel Pflanzenöl unterheben und marinieren.

b) In einer kleinen Schüssel die Hühnerbrühe, den Reiswein und den restlichen 1 Teelöffel Maisstärke verrühren und mit je einer Prise Salz und weißem Pfeffer würzen. Beiseite legen.

c) Einen mittelgroßen, mit Wasser gefüllten Topf bei starker Hitze zum Kochen bringen. Fügen Sie $\frac{1}{2}$ Esslöffel Öl hinzu und reduzieren Sie die Hitze auf ein Köcheln. Mit einem Schaumlöffel oder Schaumlöffel die Marinade abtropfen lassen und das Hähnchen in kochendes Wasser geben. Rühren Sie das Huhn um, damit die Stücke nicht zusammenklumpen. 40 bis 50 Sekunden garen, bis das Hähnchen außen weiß, aber noch nicht durchgegart ist. Das Huhn in einem Sieb abtropfen lassen und das überschüssige Wasser abschütteln. Gießen Sie das kochende Wasser weg.

d) Einen Wok bei mittlerer Hitze erhitzen, bis ein Tropfen Wasser brutzelt und bei Kontakt verdunstet. Gießen Sie die restlichen 2 Esslöffel Öl hinein und schwenken Sie, um den Boden des Woks zu bedecken. Das Öl mit Ingwerscheiben und Salz würzen. Lassen Sie den Ingwer etwa 30 Sekunden lang im Öl brutzeln und leicht schwenken.

e) Fügen Sie die Bambussprossen und den Knoblauch hinzu und schwenken Sie sie mit einem Wokspatel, um sie mit Öl zu bestreichen, und kochen Sie sie etwa 30 Sekunden lang, bis sie duften. Fügen Sie die Schneeerbsen hinzu und braten Sie sie etwa 2 Minuten lang an, bis sie hellgrün und knusprig zart sind. Das Hähnchen in den Wok geben und die Saucenmischung einschwenken. Zum Überziehen wenden und 1 bis 2 Minuten weitergaren.

f) Auf eine Platte geben und den Ingwer wegwerfen. Heiß servieren.

## 43. Huhn und Gemüse mit schwarzer Bohnensauce

**Zutaten:**

- 1 Esslöffel helle Sojasauce
- 1 Teelöffel Sesamöl
- 1 Teelöffel Maisstärke
- ¾ Pfund knochenlose, hautlose Hähnchenschenkel, in mundgerechte Stücke geschnitten
- 3 Esslöffel Pflanzenöl, geteilt
- 1 geschälte frische Ingwerscheibe, etwa so groß wie ein Viertel
- Koscheres Salz
- 1 kleine gelbe Zwiebel, in mundgerechte Stücke geschnitten
- ½ rote Paprika, in mundgerechte Stücke geschnitten
- ½ gelbe oder grüne Paprika, in mundgerechte Stücke geschnitten
- 3 Knoblauchzehen, gehackt
- ⅓ Tasse schwarze Bohnensauce oder im Laden gekaufte schwarze Bohnensauce

**Richtungen:**

a) Rühren Sie in einer großen Schüssel das helle Soja, das Sesamöl und die Maisstärke zusammen, bis sich die Maisstärke auflöst. Fügen Sie das Huhn hinzu und schwenken Sie es in der Marinade. Legen Sie das Huhn beiseite, um es 10 Minuten lang zu marinieren.

b) Einen Wok bei mittlerer Hitze erhitzen, bis ein Tropfen Wasser brutzelt und bei Kontakt verdunstet. Gießen Sie 2 Esslöffel Pflanzenöl hinein und schwenken Sie es, um den Boden des Woks zu bedecken. Würze das Öl mit dem Ingwer und einer Prise Salz. Lassen Sie den Ingwer etwa 30 Sekunden lang im Öl brutzeln und leicht schwenken.

c) Übertragen Sie das Huhn in den Wok und entsorgen Sie die Marinade. Lassen Sie die Stücke 2 bis 3 Minuten im Wok anbraten. Wenden, um auf der anderen Seite weitere 1 bis 2 Minuten länger anzubraten. Rühren Sie durch schnelles Wenden und Wenden im Wok für 1 weitere Minute an. In eine saubere Schüssel umfüllen.

d) Fügen Sie den restlichen 1 Esslöffel Öl hinzu und werfen Sie die Zwiebel und Paprika hinein. Kurz 2 bis 3 Minuten unter Rühren braten, dabei das Gemüse mit einem Pfannenwender schwenken und wenden, bis die Zwiebel durchscheinend aussieht, aber noch eine feste Konsistenz hat. Fügen Sie den Knoblauch hinzu und braten Sie weitere 30 Sekunden lang.

e) Geben Sie das Hähnchen wieder in den Wok und fügen Sie die schwarze Bohnensauce hinzu. Wenden und wenden, bis das Huhn und das Gemüse überzogen sind.

f) Auf eine Platte geben, den Ingwer wegwerfen und heiß servieren.

## 44. Hähnchen mit grünen Bohnen

**Zutaten:**

- ¾ Pfund knochenlose, hautlose Hähnchenschenkel, quer zur Faser in mundgerechte Streifen geschnitten
- 3 Esslöffel Shaoxing Reiswein, geteilt
- 2 Teelöffel Maisstärke
- Koscheres Salz
- Rote Paprikaflocken
- 3 Esslöffel Pflanzenöl, geteilt
- 4 geschälte frische Ingwerscheiben, jede etwa so groß wie ein Viertel
- ¾ Pfund grüne Bohnen, getrimmt und quer diagonal halbiert
- 2 Esslöffel helle Sojasauce
- 1 Esslöffel gewürzter Reisessig
- ¼ Tasse Mandelsplitter, geröstet
- 2 Teelöffel Sesamöl

**Richtungen:**

a) In einer Rührschüssel das Hähnchen mit 1 Esslöffel Reiswein, Maisstärke, einer kleinen Prise Salz und einer Prise Paprikaflocken vermengen. Umrühren, um das Huhn gleichmäßig zu beschichten. 10 Minuten marinieren.

b) Einen Wok bei mittlerer Hitze erhitzen, bis ein Tropfen Wasser brutzelt und bei Kontakt verdunstet. Gießen Sie 2 Esslöffel Pflanzenöl hinein und schwenken Sie es, um den Boden des Woks zu bedecken. Würze das Öl mit dem Ingwer und einer kleinen Prise Salz. Lassen Sie den Ingwer etwa 30 Sekunden lang im Öl brutzeln und leicht schwenken.

c) Hähnchen und Marinade in den Wok geben und 3 bis 4 Minuten unter Rühren braten, oder bis das Hähnchen leicht angebraten und nicht mehr rosa ist. In eine saubere Schüssel umfüllen und beiseite stellen.

d) Fügen Sie den restlichen 1 Esslöffel Pflanzenöl hinzu und braten Sie die grünen Bohnen 2 bis 3 Minuten lang oder bis sie hellgrün werden. Das Hähnchen wieder in den Wok geben und zusammen schwenken. Fügen Sie die restlichen 2 Esslöffel Reiswein, helles Soja und Essig hinzu. Zum Kombinieren und Überziehen wenden und die grünen Bohnen weitere 3 Minuten köcheln lassen oder bis die grünen Bohnen weich sind. Den Ingwer entfernen und entsorgen.

e) Mandeln zugeben und auf eine Platte geben. Mit Sesamöl beträufeln und heiß servieren.

# 45. Hühnchen in Sesamsauce

**Zutaten:**

- 3 große Eiweiße
- 3 Esslöffel Maisstärke, geteilt
- 1½ Esslöffel helle Sojasauce, geteilt
- 1 Pfund knochenlose, hautlose Hähnchenschenkel, in mundgerechte Stücke geschnitten
- 3 Tassen Pflanzenöl
- 3 geschälte frische Ingwerscheiben, jede etwa so groß wie ein Viertel
- Koscheres Salz
- Rote Paprikaflocken
- 3 Knoblauchzehen, grob gehackt
- ¼ Tasse natriumarme Hühnerbrühe
- 2 Esslöffel Sesamöl
- 2 Frühlingszwiebeln, in dünne Scheiben geschnitten, zum Garnieren
- 1 Esslöffel Sesamsamen zum Garnieren

**Richtungen:**

a) In einer Rührschüssel mit einer Gabel oder einem Schneebesen das Eiweiß schlagen, bis es schaumig ist und die festeren Eiweißklumpen schaumig sind. Rühren Sie 2 Esslöffel Maisstärke und 2 Teelöffel helles Soja zusammen, bis alles gut vermischt ist. Das Hühnchen unterheben und 10 Minuten marinieren.

b) Gießen Sie das Öl in den Wok; das Öl sollte etwa 1 bis 1½ Zoll hoch sein. Bringen Sie das Öl bei mittlerer bis hoher Hitze auf 375 ° F. Sie können feststellen, dass das Öl die richtige Temperatur hat, wenn Sie das Ende eines Holzlöffels in das Öl tauchen. Wenn das Öl um ihn herum sprudelt und brutzelt, ist das Öl fertig.

c) Heben Sie das Hähnchen mit einer Schaumkelle oder einem Wokschaum aus der Marinade und schütteln Sie den Überschuss ab. Vorsichtig in das heiße Öl absenken. Braten Sie das Hähnchen portionsweise 3 bis 4 Minuten lang oder bis das Hähnchen goldbraun und knusprig auf der Oberfläche ist. Auf einen mit Küchenpapier ausgelegten Teller geben.

d) Gießen Sie alles bis auf 1 Esslöffel Öl aus dem Wok und stellen Sie es auf mittlere bis hohe Hitze. Schwenken Sie das Öl, um den Boden des Woks zu beschichten. Würze das Öl, indem du den Ingwer und eine Prise Salz und Paprikaflocken hinzufügst. Lassen Sie die Ingwer- und Pfefferflocken etwa 30 Sekunden lang im Öl brutzeln und leicht schwenken.

e) Fügen Sie den Knoblauch hinzu und braten Sie alles 30 Sekunden lang mit einem Pfannenwender im Wok. Rühren Sie die Hühnerbrühe, die restlichen 2½ Teelöffel helle Soja und die restlichen 1 Esslöffel Maisstärke ein. 4 bis 5 Minuten köcheln lassen, bis die Sauce eindickt und glänzt. Fügen Sie das Sesamöl hinzu und rühren Sie um, um es zu kombinieren.

f) Schalten Sie die Hitze aus und fügen Sie das gebratene Huhn hinzu und schwenken Sie es, um es mit der Sauce zu bestreichen. Den Ingwer entfernen und entsorgen. Auf eine Platte geben und mit geschnittenen Frühlingszwiebeln und Sesam garnieren.

# 46. Hühnchen süß-sauer

**Zutaten:**

- 2 Teelöffel Maisstärke und 2 Esslöffel Wasser
- 3 Esslöffel Pflanzenöl, geteilt
- 4 geschälte frische Ingwerscheiben
- ¾ Pfund knochenlose, hautlose Hähnchenschenkel, in mundgerechte Stücke geschnitten
- ½ rote Paprika, in ½-Zoll-Stücke geschnitten
- ½ grüne Paprika, in ½-Zoll-Stücke geschnitten
- ½ gelbe Zwiebel, in ½-Zoll-Stücke geschnitten
- 1 (8-Unzen) Dose Ananasstücke, abgetropft, Saft reserviert
- 1 (4-Unzen) Dose geschnittene Wasserkastanien, abgetropft
- ¼ Tasse natriumarme Hühnerbrühe
- 2 Esslöffel hellbrauner Zucker
- 2 Esslöffel Apfelessig
- 2 Esslöffel Ketchup
- 1 Teelöffel Worcestershire-Sauce
- 3 Frühlingszwiebeln, in dünne Scheiben geschnitten, zum Garnieren

**Richtungen:**

a) In einer kleinen Schüssel Maisstärke und Wasser verrühren und beiseite stellen.

b) Einen Wok bei mittlerer Hitze erhitzen, bis ein Tropfen Wasser brutzelt und bei Kontakt verdunstet. Gießen Sie 2 Esslöffel Öl hinein und schwenken Sie es, um den Boden des Woks zu bedecken. Würze das Öl mit dem Ingwer und einer Prise Salz. Lassen Sie den Ingwer etwa 30 Sekunden lang im Öl brutzeln und leicht schwenken.

c) Fügen Sie das Huhn hinzu und braten Sie es 2 bis 3 Minuten lang gegen den Wok an. Drehen und werfen Sie das Hähnchen und braten Sie es etwa 1 Minute lang oder bis es nicht mehr rosa ist. In eine Schüssel umfüllen und beiseite stellen.

d) Fügen Sie den restlichen 1 Esslöffel Öl hinzu und wirbeln Sie, um es zu beschichten. Braten Sie die rote und grüne Paprika und die Zwiebel 3 bis 4 Minuten lang an, bis sie weich und durchscheinend sind. Ananas und Wasserkastanien hinzufügen und eine weitere Minute unter Rühren braten. Das Gemüse zum Huhn geben und beiseite stellen.

e) Den beiseite gestellten Ananassaft, die Hühnerbrühe, den braunen Zucker, den Essig, das Ketchup und die Worcestersauce in den Wok geben und zum Kochen bringen. Bei mittlerer Hitze etwa 4 Minuten köcheln lassen, bis die Flüssigkeit um die Hälfte reduziert ist.

f) Geben Sie das Huhn und das Gemüse zurück in den Wok und mischen Sie es mit der Sauce. Die Maisstärke-Wasser-

Mischung kurz umrühren und in den Wok geben. Alles schwenken und wenden, bis die Maisstärke die Sauce zu verdicken beginnt und glänzend wird.

g) Den Ingwer wegwerfen, auf eine Platte geben, mit den Frühlingszwiebeln garnieren und heiß servieren.

## 47. Tomaten-Ei-Pfanne

**Zutaten:**

- 4 große Eier, bei Zimmertemperatur
- 1 Teelöffel Shaoxing-Reiswein
- ½ Teelöffel Sesamöl
- ½ Teelöffel koscheres Salz
- Frisch gemahlener schwarzer Pfeffer
- 3 Esslöffel Pflanzenöl, geteilt
- 2 geschälte frische Ingwerscheiben, jede etwa so groß wie ein Viertel
- 1 Pfund Trauben- oder Kirschtomaten
- 1 Teelöffel Zucker
- Gekochter Reis oder Nudeln zum Servieren

**Richtungen:**

a) In einer großen Schüssel die Eier verquirlen. Fügen Sie Reiswein, Sesamöl, Salz und eine Prise Pfeffer hinzu und schlagen Sie weiter, bis alles gut vermischt ist.

b) Einen Wok bei mittlerer Hitze erhitzen, bis ein Tropfen Wasser brutzelt und bei Kontakt verdunstet. Gießen Sie 2 Esslöffel Pflanzenöl hinein und schwenken Sie es, um den Boden des Woks zu bedecken. Die Eiermischung in den heißen Wok schwenken. Zum Kochen die Eier schwenken und schütteln. Legen Sie die Eier auf einen Servierteller, wenn sie gerade gekocht, aber nicht trocken sind. Zelt mit Folie zum Warmhalten.

c) Den restlichen 1 Esslöffel Pflanzenöl in den Wok geben. Würze das Öl mit dem Ingwer und einer Prise Salz. Lassen Sie den Ingwer etwa 30 Sekunden lang im Öl brutzeln und leicht schwenken.

d) Tomaten und Zucker hinzugeben und unter Rühren mit dem Öl bestreichen. Abdecken und unter gelegentlichem Rühren ca. 5 Minuten garen, bis die Tomaten weich sind und ihren Saft abgegeben haben. Die Ingwerscheiben entsorgen und die Tomaten mit Salz und Pfeffer würzen.

e) Die Tomaten über die Eier geben und mit gekochtem Reis oder Nudeln servieren.

# 48. Chinesische gebratene Hähnchenflügel zum Mitnehmen

Zutaten:

- 10 ganze Hähnchenflügel, gewaschen und trocken tupfen
- 1/8 Teelöffel schwarzer Pfeffer
- 1/4 Teelöffel weißer Pfeffer
- ¼ Teelöffel Knoblauchpulver
- 1 Teelöffel Salz
- ½ Teelöffel Zucker
- 1 Esslöffel Sojasauce
- 1 Esslöffel Shaoxing-Wein
- 1 Teelöffel Sesamöl
- 1 Ei
- 1 Esslöffel Maisstärke
- 2 Esslöffel Mehl
- Öl zum braten

**Richtungen:**

a) Alle Zutaten (außer dem Frittieröl natürlich) in einer großen Rührschüssel vermengen. Mischen Sie alles, bis die Flügel gut bedeckt sind.

b) Lassen Sie die Flügel 2 Stunden bei Raumtemperatur oder über Nacht im Kühlschrank marinieren, um die besten Ergebnisse zu erzielen.

c) Wenn es nach dem Marinieren so aussieht, als wäre Flüssigkeit in den Flügeln, mischen Sie sie unbedingt noch einmal gründlich durch. Die Flügel sollten gut mit einer dünnen teigähnlichen Beschichtung überzogen sein. Wenn es immer noch zu wässrig aussieht, fügen Sie etwas mehr Maisstärke und Mehl hinzu.

d) Füllen Sie einen mittelgroßen Topf etwa zu 2/3 mit Öl und erhitzen Sie ihn auf 325 Grad F.
e) Die Flügel 5 Minuten lang in kleinen Portionen braten und auf ein mit Küchenpapier ausgelegtes Blech legen. Nachdem alle Flügel gebraten sind, geben Sie sie portionsweise in das Öl zurück und braten Sie sie erneut 3 Minuten lang.
f) Auf Küchenpapier oder einem Kuchengitter abtropfen lassen und mit scharfer Soße servieren!

## 49. Hähnchen mit thailändischem Basilikum

# AUFSCHLÄGE 4

**Zutaten:**

- 3 bis 4 Esslöffel Öl
- 3 Thai-Vogel- oder Holland-Chilis
- 3 Schalotten, in dünne Scheiben geschnitten
- 5 Knoblauchzehen, in Scheiben geschnitten
- 1 Pfund gemahlenes Hähnchen
- 2 Teelöffel Zucker oder Honig
- 2 Esslöffel Sojasauce
- 1 Esslöffel Fischsauce
- ⅓ Tasse natriumarme Hühnerbrühe oder Wasser
- 1 Bund heiliges Basilikum oder Thai-Basilikumblätter

**Richtungen:**

a) In einem Wok bei starker Hitze das Öl, die Chilischoten, die Schalotten und den Knoblauch hinzufügen und 1-2 Minuten braten.
b) Fügen Sie das gemahlene Hähnchen hinzu und braten Sie es 2 Minuten lang unter Rühren, wobei Sie das Hähnchen in kleine Stücke zerbrechen.
c) Zucker, Sojasauce und Fischsauce hinzufügen. Eine weitere Minute unter Rühren braten und die Pfanne mit der Brühe ablöschen. Da Ihre Pfanne zu stark erhitzt wird, sollte die Flüssigkeit sehr schnell verkochen.
d) Basilikum hinzugeben und unter Rühren braten, bis es zusammengefallen ist.
e) Über Reis servieren.

## 50. Geschmorter Schweinebauch

**Zutaten:**

- 3 /4 Pfund magerer Schweinebauch, mit Haut
- 2 Esslöffel Öl
- 1 Esslöffel Zucker (Kanisterzucker ist bevorzugt, wenn Sie ihn haben)
- 3 Esslöffel Shaoxing-Wein
- 1 Esslöffel normale Sojasauce
- $\frac{1}{2}$ Esslöffel dunkle Sojasauce
- 2 Tassen Wasser

**Richtungen:**

a) Beginnen Sie, indem Sie Ihren Schweinebauch in 3/4-Zoll dicke Stücke schneiden.

b) Einen Topf mit Wasser zum Kochen bringen. Die Schweinebauchstücke ein paar Minuten blanchieren. Dadurch werden Verunreinigungen entfernt und der Kochvorgang gestartet. Das Schweinefleisch aus dem Topf nehmen, abspülen und beiseite stellen.

c) Bei schwacher Hitze das Öl und den Zucker in den Wok geben. Den Zucker leicht schmelzen und das Schweinefleisch hinzugeben. Erhöhen Sie die Hitze auf mittlere Stufe und kochen Sie, bis das Schweinefleisch leicht gebräunt ist.

d) Drehen Sie die Hitze wieder auf niedrig und fügen Sie Shaoxing-Kochwein, normale Sojasauce, dunkle Sojasauce und Wasser hinzu.

e) Abdecken und etwa 45 Minuten bis 1 Stunde köcheln lassen, bis das Schweinefleisch zart ist. Alle 5-10 Minuten umrühren, um ein Anbrennen zu verhindern, und mehr Wasser hinzufügen, wenn es zu trocken wird.

f) Sobald das Schweinefleisch zart ist und noch viel Flüssigkeit sichtbar ist, decken Sie den Wok auf, drehen Sie die Hitze auf und rühren Sie kontinuierlich um, bis die Sauce zu einer glänzenden Beschichtung reduziert ist.

## 51. Tomaten- und Rindfleischpfanne

**Zutaten:**

- ¾ Pfund Flanken- oder Rocksteak, gegen die Faser in ¼ Zoll dicke Scheiben schneiden
- 1½ Esslöffel Maisstärke, geteilt
- 1 Esslöffel Shaoxing-Reiswein
- Koscheres Salz
- Gemahlener weißer Pfeffer
- 1 Esslöffel Tomatenmark
- 2 Esslöffel helle Sojasauce
- 1 Teelöffel Sesamöl
- 1 Teelöffel Zucker
- 2 Esslöffel Wasser
- 2 Esslöffel Pflanzenöl
- 4 geschälte frische Ingwerscheiben, jede etwa so groß wie ein Viertel
- 1 große Schalotte, in dünne Scheiben geschnitten
- 2 Knoblauchzehen, fein gehackt
- 5 große Tomaten, jede in 6 Spalten geschnitten
- 2 Frühlingszwiebeln, weiße und grüne Teile getrennt, in dünne Scheiben geschnitten

**Richtungen:**

a) In einer kleinen Schüssel das Rindfleisch mit 1 Esslöffel Maisstärke, Reiswein und je einer kleinen Prise Salz und weißem Pfeffer vermischen. 10 Minuten beiseite stellen.

b) In einer anderen kleinen Schüssel den restlichen $\frac{1}{2}$ Esslöffel Maisstärke, Tomatenmark, helles Soja, Sesamöl, Zucker und Wasser verrühren. Beiseite legen.

c) Einen Wok bei mittlerer Hitze erhitzen, bis ein Tropfen Wasser brutzelt und bei Kontakt verdunstet. Gießen Sie das Pflanzenöl hinein und schwenken Sie es, um den Boden des Woks zu benetzen. Würze das Öl mit dem Ingwer und einer Prise Salz. Lassen Sie den Ingwer etwa 30 Sekunden lang im Öl brutzeln und leicht schwenken.

d) Das Rindfleisch in den Wok geben und 3 bis 4 Minuten unter Rühren braten, bis es nicht mehr rosa ist. Schalotte und Knoblauch zugeben und 1 Minute braten. Tomaten und Frühlingszwiebeln zugeben und weiter braten.

e) Die Sauce einrühren und 1 bis 2 Minuten weiter braten, oder bis das Rindfleisch und die Tomaten bedeckt sind und die Sauce leicht eingedickt ist.

f) Den Ingwer wegwerfen, auf eine Platte geben und mit dem Frühlingszwiebelgrün garnieren. Heiß servieren.

## 52. Rindfleisch und Brokkoli

**Zutaten:**

- ¾-Pfund-Röcksteak, quer zur Faser in ¼ Zoll dicke Scheiben geschnitten
- 1 Esslöffel Backpulver
- 1 Esslöffel Maisstärke
- 4 Esslöffel Wasser, geteilt
- 2 Esslöffel Austernsauce
- 2 Esslöffel Shaoxing-Reiswein
- 2 Teelöffel hellbrauner Zucker
- 1 Esslöffel Hoisin-Sauce
- 2 Esslöffel Pflanzenöl
- 4 geschälte frische Ingwerscheiben, etwa so groß wie ein Viertel
- Koscheres Salz
- 1 Pfund Brokkoli, in mundgerechte Röschen geschnitten
- 2 Knoblauchzehen, fein gehackt

**Richtungen:**

a) Mischen Sie in einer kleinen Schüssel das Rindfleisch und das Backpulver, um es zu beschichten. 10 Minuten beiseite stellen. Das Rindfleisch sehr gut abspülen und dann mit Küchenpapier trocken tupfen.

b) In einer anderen kleinen Schüssel die Maisstärke mit 2 Esslöffeln Wasser verrühren und die Austernsauce, den Reiswein, den braunen Zucker und die Hoisinsauce untermischen. Beiseite legen.

c) Einen Wok bei mittlerer Hitze erhitzen, bis ein Tropfen Wasser brutzelt und bei Kontakt verdunstet. Gießen Sie das Öl hinein und schwenken Sie es, um den Boden des Woks zu bedecken. Würze das Öl mit dem Ingwer und einer Prise Salz. Lassen Sie den Ingwer etwa 30 Sekunden lang im Öl brutzeln und leicht schwenken. Das Rindfleisch in den Wok geben und 3 bis 4 Minuten unter Rühren braten, bis es nicht mehr rosa ist. Das Rindfleisch in eine Schüssel geben und beiseite stellen.

d) Brokkoli und Knoblauch hinzufügen und 1 Minute unter Rühren braten, dann die restlichen 2 Esslöffel Wasser hinzufügen. Decken Sie den Wok ab und dämpfen Sie den Brokkoli 6 bis 8 Minuten lang, bis er knusprig-zart ist.

e) Das Rindfleisch zurück in den Wok geben und die Sauce 2 bis 3 Minuten lang einrühren, bis es vollständig bedeckt und die Sauce leicht eingedickt ist. Den Ingwer wegwerfen, auf eine Platte geben und heiß servieren.

# 53. Rinderpfanne mit schwarzem Pfeffer

**Zutaten:**

- 1 Esslöffel Austernsauce
- 1 Esslöffel Shaoxing-Reiswein
- 2 Teelöffel Maisstärke
- 2 Teelöffel helle Sojasauce
- Gemahlener weißer Pfeffer
- ¼ Teelöffel Zucker
- ¾ Pfund Rinderfiletspitzen oder Lendenspitzen, in 1-Zoll-Stücke geschnitten
- 3 Esslöffel Pflanzenöl
- 3 geschälte frische Ingwerscheiben, jede etwa so groß wie ein Viertel
- Koscheres Salz
- 1 grüne Paprika, in ½ Zoll breite Streifen geschnitten
- 1 kleine rote Zwiebel, dünn in Streifen geschnitten
- 1 Teelöffel frisch gemahlener schwarzer Pfeffer oder mehr nach Geschmack
- 2 Teelöffel Sesamöl

**Richtungen:**

a) In einer Rührschüssel Austernsauce, Reiswein, Maisstärke, helle Soja, eine Prise weißen Pfeffer und Zucker verrühren. Das Rindfleisch schwenken und 10 Minuten marinieren.

b) Einen Wok bei mittlerer Hitze erhitzen, bis ein Tropfen Wasser brutzelt und bei Kontakt verdunstet. Gießen Sie das Pflanzenöl hinein und schwenken Sie es, um den Boden des Woks zu benetzen. Ingwer und eine Prise Salz hinzugeben. Lassen Sie den Ingwer etwa 30 Sekunden lang im Öl brutzeln und leicht schwenken.

c) Geben Sie das Rindfleisch mit einer Zange in den Wok und entfernen Sie die restliche Marinade. 1 bis 2 Minuten lang gegen den Wok anbraten oder bis sich eine braune, angebratene Kruste entwickelt. Das Rindfleisch wenden und auf der anderen Seite weitere 2 Minuten anbraten. Im Wok weitere 1 bis 2 Minuten anbraten, schwenken und wenden, dann das Rindfleisch in eine saubere Schüssel geben.

d) Fügen Sie die Paprika und die Zwiebel hinzu und braten Sie sie 2 bis 3 Minuten lang oder bis das Gemüse glänzend und zart aussieht. Geben Sie das Rindfleisch in den Wok zurück, fügen Sie den schwarzen Pfeffer hinzu und braten Sie alles weitere 1 Minute lang unter Rühren an.

e) Den Ingwer wegwerfen, auf eine Platte geben und das Sesamöl darüber träufeln. Heiß servieren.

## 54. Sesam-Rind

**Zutaten:**

- 1 Esslöffel helle Sojasauce
- 2 Esslöffel Sesamöl, geteilt
- 2 Teelöffel Maisstärke, geteilt
- 1-Pfund-Hänger-, Rock- oder Flacheisensteak, in $\frac{1}{4}$ Zoll dicke Streifen geschnitten
- $\frac{1}{2}$ Tasse frisch gepresster Orangensaft
- $\frac{1}{2}$ Teelöffel Reisessig
- 1 Teelöffel Sriracha (optional)
- 1 Teelöffel hellbrauner Zucker
- Koscheres Salz
- Frisch gemahlener schwarzer Pfeffer
- 3 Esslöffel Pflanzenöl, geteilt
- 4 geschälte frische Ingwerscheiben, jede etwa so groß wie ein Viertel
- 1 kleine gelbe Zwiebel, in dünne Scheiben geschnitten
- 3 Knoblauchzehen, gehackt
- $\frac{1}{2}$ Esslöffel weißer Sesam zum Garnieren

**Richtungen:**

a) In einer großen Schüssel das helle Soja, 1 Esslöffel Sesamöl und 1 Teelöffel Maisstärke verrühren, bis sich die Maisstärke aufgelöst hat. Fügen Sie das Rindfleisch hinzu und wenden Sie es, um es mit der Marinade zu bestreichen. 10 Minuten marinieren lassen, während Sie die Sauce zubereiten.

b) In einem Messbecher aus Glas den Orangensaft, restlichen 1 Esslöffel Sesamöl, Reisessig, Sriracha (falls verwendet), braunen Zucker, restlichen 1 Teelöffel Maisstärke und jeweils eine Prise Salz und Pfeffer verrühren. Rühren, bis sich die Maisstärke aufgelöst hat, und beiseite stellen.

c) Einen Wok bei mittlerer Hitze erhitzen, bis ein Tropfen Wasser brutzelt und bei Kontakt verdunstet. Gießen Sie 2 Esslöffel Pflanzenöl hinein und schwenken Sie es, um den Boden des Woks zu bedecken. Würze das Öl mit dem Ingwer und einer Prise Salz. Lassen Sie den Ingwer etwa 30 Sekunden lang im Öl brutzeln und leicht schwenken.

d) Mit einer Zange das Rindfleisch in den Wok geben und die Marinade wegwerfen. Lassen Sie die Stücke 2 bis 3 Minuten im Wok anbraten. Wenden, um auf der anderen Seite weitere 1 bis 2 Minuten anzubraten. Rühren Sie durch schnelles Wenden und Wenden im Wok für 1 weitere Minute an. In eine saubere Schüssel umfüllen.

e) Fügen Sie den restlichen 1 Esslöffel Pflanzenöl hinzu und werfen Sie die Zwiebel hinein. Braten Sie die Zwiebel schnell 2 bis 3 Minuten lang mit einem Pfannenwender, bis die Zwiebel durchscheinend aussieht, aber noch eine feste Textur hat. Fügen Sie den Knoblauch hinzu und braten Sie weitere 30 Sekunden lang.

f) Die Sauce einrühren und weiterkochen, bis die Sauce anfängt einzudicken. Das Rindfleisch zurück in den Wok geben, schwenken und wenden, sodass das Rindfleisch und die Zwiebel mit Sauce überzogen sind. Mit Salz und Pfeffer abschmecken.

g) Auf eine Platte geben, den Ingwer wegwerfen, mit Sesam bestreuen und heiß servieren.

## 55. mongolisches Rindfleisch

**Zutaten:**

- 2 Esslöffel Shaoxing-Reiswein
- 1 Esslöffel dunkle Sojasauce
- 1 Esslöffel Maisstärke, geteilt
- ¾ Pfund Flankensteak, gegen die Faser in ¼ Zoll dicke Scheiben geschnitten
- ¼ Tasse natriumarme Hühnerbrühe
- 1 Esslöffel hellbrauner Zucker
- 1 Tasse Pflanzenöl
- 4 oder 5 ganze getrocknete rote chinesische Chilis
- 4 Knoblauchzehen, grob gehackt
- 1 Teelöffel geschälter, fein gehackter frischer Ingwer
- ½ gelbe Zwiebel, in dünne Scheiben geschnitten
- 2 Esslöffel grob gehackter frischer Koriander

**Richtungen:**

a) In einer Rührschüssel Reiswein, dunkles Soja und 1 Esslöffel Maisstärke verrühren. Fügen Sie das in Scheiben geschnittene Flankensteak hinzu und schwenken Sie es zum Überziehen. Beiseite stellen und 10 Minuten marinieren.

b) Gießen Sie das Öl in einen Wok und bringen Sie es bei mittlerer bis hoher Hitze auf 375 ° F. Sie können feststellen, dass das Öl die richtige Temperatur hat, wenn Sie das Ende eines Holzlöffels in das Öl tauchen. Wenn das Öl um ihn herum sprudelt und brutzelt, ist das Öl fertig.

c) Heben Sie das Rindfleisch aus der Marinade und bewahren Sie die Marinade auf. Das Rindfleisch in das Öl geben und 2 bis 3 Minuten braten, bis es eine goldene Kruste entwickelt. Mit einem Wokschaum das Rindfleisch in eine saubere Schüssel geben und beiseite stellen. Die Hühnerbrühe und den braunen Zucker in die Marinadeschüssel geben und umrühren.

d) Gießen Sie alles bis auf 1 Esslöffel Öl aus dem Wok und stellen Sie es auf mittlere bis hohe Hitze. Fügen Sie die Chilischoten, den Knoblauch und den Ingwer hinzu. Lassen Sie die Aromen etwa 10 Sekunden im Öl brutzeln und schwenken Sie sie vorsichtig.

e) Fügen Sie die Zwiebel hinzu und braten Sie sie 1 bis 2 Minuten lang oder bis die Zwiebel weich und durchscheinend ist. Fügen Sie die Hühnerbrühe-Mischung hinzu und werfen Sie sie um, um sie zu kombinieren. Etwa 2 Minuten köcheln lassen, dann das Rindfleisch hinzugeben und alles für weitere 30 Sekunden schwenken.

f) Auf eine Platte geben, mit Koriander garnieren und heiß servieren.

## 56. Sichuan-Rind mit Sellerie und Karotten

**Zutaten:**

- 2 Esslöffel Shaoxing-Reiswein
- 1 Esslöffel dunkle Sojasauce
- 2 Teelöffel Sesamöl
- ¾ Pfund Flanken- oder Rocksteak, gegen die Faser geschnitten
- 1 Esslöffel Hoisin-Sauce
- 2 Teelöffel helle Sojasauce
- 2 Esslöffel Maisstärke, geteilt
- ¼ Teelöffel chinesisches Fünf-Gewürze-Pulver
- 1 Teelöffel Sichuan-Pfefferkörner, zerkleinert
- 4 geschälte frische Ingwerscheiben
- 3 Knoblauchzehen, leicht zerdrückt
- 2 Stangensellerie, in Julienne zu 3-Zoll-Streifen geschnitten
- 1 große Karotte, geschält und in 3-Zoll-Streifen geschnitten
- 2 Frühlingszwiebeln, in dünne Scheiben geschnitten

**Richtungen:**

a) In einer Rührschüssel Reiswein, dunkles Soja und Sesamöl verrühren.

b) Fügen Sie das Rindfleisch hinzu und schwenken Sie es, um es zu kombinieren. 10 Minuten beiseite stellen.

c) Mischen Sie in einer kleinen Schüssel die Hoisin-Sauce, helles Soja, Wasser, 1 Esslöffel Maisstärke und Fünf-Gewürze-Pulver. Beiseite legen.

d) Einen Wok bei mittlerer Hitze erhitzen, bis ein Tropfen Wasser brutzelt und bei Kontakt verdunstet. Gießen Sie das Pflanzenöl hinein und schwenken Sie es, um den Boden des Woks zu benetzen. Würzen Sie das Öl, indem Sie Pfefferkörner, Ingwer und Knoblauch hinzufügen. Lassen Sie die Aromen etwa 10 Sekunden im Öl brutzeln und schwenken Sie sie vorsichtig.

e) Das Rindfleisch in den restlichen 1 Esslöffel Maisstärke geben, um es zu bestreichen, und in den Wok geben. Braten Sie das Rindfleisch 1 bis 2 Minuten lang an der Seite des Woks an oder bis sich eine goldbraune Kruste entwickelt. Wenden und auf der anderen Seite eine weitere Minute anbraten. Noch etwa 2 Minuten schwenken und wenden, bis das Rindfleisch nicht mehr rosa ist.

f) Bewegen Sie das Rindfleisch an die Seiten des Woks und fügen Sie den Sellerie und die Karotte in die Mitte. Unter Rühren braten, wenden und wenden, bis das Gemüse weich ist, weitere 2 bis 3 Minuten. Rühren Sie die Hoisin-Sauce-Mischung um und gießen Sie sie in den Wok. Unter Rühren weiter braten, Rindfleisch und Gemüse 1 bis 2 Minuten mit der Sauce bestreichen, bis die Sauce zu verdicken beginnt und glänzt. Ingwer und Knoblauch entfernen und wegwerfen.

# 57. Hoisin-Beef-Salat-Cups

**Zutaten:**

- ¾ Pfund Hackfleisch
- 2 Teelöffel Maisstärke
- Koscheres Salz
- Frisch gemahlener schwarzer Pfeffer
- 3 Esslöffel Pflanzenöl, geteilt
- 1 Esslöffel geschälter, fein gehackter Ingwer
- 2 Knoblauchzehen, fein gehackt
- 1 Karotte, geschält und in Julienne geschnitten
- 1 (4-Unzen) Dose gewürfelte Wasserkastanien, abgetropft und gespült
- 2 Esslöffel Hoisin-Sauce
- 3 Frühlingszwiebeln, weiße und grüne Teile getrennt, in dünne Scheiben geschnitten
- 8 breite Eisberg- (oder Bibb-) Salatblätter, zu sauberen runden Tassen getrimmt

**Richtungen:**

a) In einer Schüssel das Rindfleisch mit der Maisstärke und je einer Prise Salz und Pfeffer bestreuen. Zum Kombinieren gut mischen.

b) Einen Wok bei mittlerer Hitze erhitzen, bis ein Wassertropfen brutzelt und bei Kontakt verdunstet. Gießen Sie 2 Esslöffel Öl hinein und schwenken Sie es, um den Boden des Woks zu bedecken. Fügen Sie das Rindfleisch hinzu und bräunen Sie es auf beiden Seiten, schwenken Sie es dann und wenden Sie es, und zerkleinern Sie das Rindfleisch 3 bis 4 Minuten lang in Krümel und Klumpen, bis das Rindfleisch nicht mehr rosa ist. Das Rindfleisch in eine saubere Schüssel geben und beiseite stellen.

c) Wischen Sie den Wok sauber und stellen Sie ihn wieder auf mittlere Hitze. Fügen Sie den restlichen 1 Esslöffel Öl hinzu und braten Sie den Ingwer und den Knoblauch schnell mit einer Prise Salz an. Sobald der Knoblauch duftet, Karotte und Wasserkastanien 2 bis 3 Minuten darin schwenken, bis die Karotte weich wird. Reduzieren Sie die Hitze auf mittlere Stufe, geben Sie das Rindfleisch zurück in den Wok und mischen Sie es mit der Hoisin-Sauce und den weißen Frühlingszwiebeln. Zum Kombinieren etwa weitere 45 Sekunden werfen.

d) Die Salatblätter verteilen, 2 pro Teller, und die Rindfleischmischung gleichmäßig auf die Salatblätter verteilen. Mit Frühlingszwiebeln garnieren und wie einen weichen Taco essen.

## 58. Gebratene Schweinekoteletts mit Zwiebel

**Zutaten:**

- 4 Schweinekoteletts ohne Knochen
- 1 Esslöffel Shaoxing-Wein
- ½ Teelöffel frisch gemahlener schwarzer Pfeffer
- Koscheres Salz
- 3 Tassen Pflanzenöl
- 2 Esslöffel Maisstärke
- 3 geschälte frische Ingwerscheiben, jede etwa so groß wie ein Viertel
- 1 mittelgroße gelbe Zwiebel, in dünne Scheiben geschnitten
- 2 Knoblauchzehen, fein gehackt
- 2 Esslöffel helle Sojasauce
- 1 Teelöffel dunkle Sojasauce
- ½ Teelöffel Rotweinessig
- Zucker

**Richtungen:**

a) Die Schweinekoteletts mit einem Fleischklopfer klopfen, bis sie ½ Zoll dick sind. In eine Schüssel geben und mit

Reiswein, Pfeffer und einer kleinen Prise Salz würzen. 10 Minuten marinieren.

b) Gießen Sie das Öl in den Wok; das Öl sollte etwa 1 bis 1½ Zoll hoch sein. Bringen Sie das Öl bei mittlerer bis hoher Hitze auf 375 ° F. Sie können feststellen, dass das Öl die richtige Temperatur hat, wenn Sie das Ende eines Holzlöffels in das Öl tauchen. Wenn das Öl um ihn herum sprudelt und brutzelt, ist das Öl fertig.

c) In 2 Portionen arbeiten und die Koteletts mit der Maisstärke bestreichen. Senken Sie sie einzeln vorsichtig in das Öl und braten Sie sie 5 bis 6 Minuten lang, bis sie goldbraun sind. Auf einen mit Küchenpapier ausgelegten Teller geben.

d) Gießen Sie alles bis auf 1 Esslöffel Öl aus dem Wok und stellen Sie es auf mittlere bis hohe Hitze. Würze das Öl mit dem Ingwer und einer Prise Salz. Lassen Sie den Ingwer etwa 30 Sekunden lang im Öl brutzeln und leicht schwenken.

e) Braten Sie die Zwiebel etwa 4 Minuten lang an, bis sie durchscheinend und weich ist. Fügen Sie den Knoblauch hinzu und braten Sie weitere 30 Sekunden oder bis er duftet. Mit den Schweinekoteletts auf den Teller geben.

f) In den Wok das helle Soja, das dunkle Soja, den Rotweinessig und eine Prise Zucker geben und umrühren. Zum Kochen bringen und Zwiebel und Schweinekoteletts wieder in den Wok geben. Zum Kombinieren schwenken, wenn die Sauce leicht einzudicken beginnt. Den Ingwer entfernen und entsorgen. Auf eine Platte geben und sofort servieren.

# 59. Schweinefleisch mit fünf Gewürzen und Bok Choy

**Zutaten:**

- 1 Esslöffel helle Sojasauce
- 1 Esslöffel Shaoxing-Reiswein
- 1 Teelöffel chinesisches Fünf-Gewürze-Pulver
- 1 Teelöffel Maisstärke
- ½ Teelöffel hellbrauner Zucker
- ¾ Pfund Hackfleisch
- 2 Esslöffel Pflanzenöl
- 2 Knoblauchzehen, geschält und leicht zerdrückt
- Koscheres Salz
- 2 bis 3 Köpfe Pak Choi, quer in mundgerechte Stücke geschnitten
- 1 Karotte, geschält und in Julienne geschnitten
- Gekochter Reis zum Servieren

**Richtungen:**

a) In einer Rührschüssel helles Soja, Reiswein, Fünf-Gewürze-Pulver, Maisstärke und braunen Zucker verrühren. Fügen Sie das Schweinefleisch hinzu und mischen Sie es vorsichtig, um es zu kombinieren. 10 Minuten zum Marinieren beiseite stellen.

b) Einen Wok bei mittlerer Hitze erhitzen, bis ein Tropfen Wasser brutzelt und bei Kontakt verdunstet. Gießen Sie das Öl hinein und schwenken Sie es, um den Boden des Woks zu bedecken. Würzen Sie das Öl, indem Sie den Knoblauch und eine Prise Salz hinzufügen. Lassen Sie den Knoblauch etwa 10 Sekunden lang im Öl brutzeln und schwenken Sie ihn vorsichtig.

c) Geben Sie Schweinefleisch in den Wok und lassen Sie es 1 bis 2 Minuten lang an den Wokwänden anbraten oder bis sich eine goldene Kruste bildet. Wenden und auf der anderen Seite noch eine weitere Minute anbraten. Wenden und wenden, um das Schweinefleisch weitere 1 bis 2 Minuten unter Rühren zu braten und es in Krümel und Klumpen zu zerkleinern, bis es nicht mehr rosa ist.

d) Den Pak Choi und die Karotte dazugeben und schwenken und wenden, um sie mit dem Schweinefleisch zu kombinieren. 2 bis 3 Minuten unter Rühren braten, bis Karotte und Pak Choi weich sind. Auf eine Platte geben und heiß mit gedämpftem Reis servieren.

# 60. Hoisin Schweinepfanne

**Zutaten:**

- 2 Teelöffel Shaoxing-Reiswein
- 2 Teelöffel helle Sojasauce
- ½ Teelöffel Chilipaste
- ¾ Pfund Schweinelende ohne Knochen, dünn in Julienne-Streifen geschnitten
- 2 Esslöffel Pflanzenöl
- 4 geschälte frische Ingwerscheiben, jede etwa so groß wie ein Viertel
- Koscheres Salz
- 4 Unzen Schneeerbsen, dünn auf der Diagonale geschnitten
- 2 Esslöffel Hoisin-Sauce
- 1 Esslöffel Wasser

**Richtungen:**

a) In einer Schüssel Reiswein, Sojabohnenöl und Chilipaste verrühren. Fügen Sie das Schweinefleisch hinzu und werfen Sie es zum Überziehen. 10 Minuten zum Marinieren beiseite stellen.

b) Einen Wok bei mittlerer Hitze erhitzen, bis ein Tropfen Wasser brutzelt und bei Kontakt verdunstet. Gießen Sie das Öl hinein und schwenken Sie es, um den Boden des Woks zu bedecken. Würze das Öl mit dem Ingwer und einer Prise Salz. Lassen Sie den Ingwer etwa 30 Sekunden lang im Öl brutzeln und leicht schwenken.

c) Fügen Sie das Schweinefleisch und die Marinade hinzu und braten Sie es 2 bis 3 Minuten lang an, bis es nicht mehr rosa ist. Zuckererbsen dazugeben und etwa 1 Minute unter Rühren braten, bis sie weich und durchscheinend sind. Hoisin-Sauce und Wasser unterrühren, um die Sauce aufzulockern. Weiter 30 Sekunden lang schwenken und wenden, oder bis die Sauce durchgewärmt ist und das Schweinefleisch und die Kaiserschoten überzogen sind.

d) Auf eine Platte geben und heiß servieren.

# 61. Zweimal gekochter Schweinebauch

**Zutaten:**

- 1 Pfund Schweinebauch ohne Knochen
- ⅓ Tasse schwarze Bohnensauce oder im Laden gekaufte schwarze Bohnensauce
- 1 Esslöffel Shaoxing-Reiswein
- 1 Teelöffel dunkle Sojasauce
- ½ Teelöffel Zucker
- 2 Esslöffel Pflanzenöl, geteilt
- 4 geschälte frische Ingwerscheiben
- Koscheres Salz
- 1 Lauch, längs halbiert und schräg geschnitten
- ½ rote Paprika, in Scheiben geschnitten

**Richtungen:**

a) Das Schweinefleisch in einen großen Topf geben und mit Wasser bedecken. Bringen Sie die Pfanne zum Kochen und reduzieren Sie sie dann auf ein Köcheln. Ohne Deckel 30 Minuten köcheln lassen oder bis das Schweinefleisch weich und durchgegart ist. Das Schweinefleisch mit einer Schaumkelle in eine Schüssel umfüllen (Kochflüssigkeit auffangen) und abkühlen lassen.

b) Kühlen Sie für mehrere Stunden oder über Nacht. Sobald das Schweinefleisch abgekühlt ist, dünn in $\frac{1}{4}$ Zoll dicke Scheiben schneiden und beiseite stellen. Wenn Sie das Schweinefleisch vor dem Aufschneiden vollständig abkühlen lassen, lässt es sich leichter in dünne Scheiben schneiden.

c) In einem Messbecher aus Glas schwarze Bohnensauce, Reiswein, dunkles Soja und Zucker verrühren und beiseite stellen.

d) Einen Wok bei mittlerer Hitze erhitzen, bis ein Tropfen Wasser brutzelt und bei Kontakt verdunstet. Gießen Sie 1 Esslöffel Öl hinein und schwenken Sie es, um den Boden des Woks zu bedecken. Würze das Öl mit dem Ingwer und einer Prise Salz. Lassen Sie den Ingwer etwa 30 Sekunden lang im Öl brutzeln und leicht schwenken.

e) Portionsweise die Hälfte des Schweinefleischs in den Wok geben. Lassen Sie die Stücke 2 bis 3 Minuten im Wok anbraten. Umdrehen und auf der anderen Seite weitere 1 bis 2 Minuten anbraten, bis sich das Schweinefleisch zu kräuseln beginnt. In eine saubere Schüssel umfüllen. Wiederholen Sie mit dem restlichen Schweinefleisch.

f) Fügen Sie den restlichen 1 Esslöffel Öl hinzu. Lauch und rote Paprika zugeben und 1 Minute unter Rühren braten, bis der Lauch weich ist. In die Sauce schwenken und unter Rühren braten, bis es duftet. Das Schweinefleisch zurück in die Pfanne geben und weitere 2 bis 3 Minuten unter Rühren braten, bis alles gerade durchgegart ist. Die

Ingwerscheiben wegwerfen und auf eine Servierplatte geben.

# 62. Mu Shu Schweinefleisch mit Bratpfannkuchen

Zutaten:

## Für die Pfannkuchen

- 1¾ Tassen Allzweckmehl
- ¾ Tasse kochendes Wasser
- Koscheres Salz
- 3 Esslöffel Sesamöl

## Für das Mu Shu Schweinefleisch

- 2 Esslöffel helle Sojasauce
- 1 Teelöffel Maisstärke
- 1 Teelöffel Shaoxing-Reiswein
- Gemahlener weißer Pfeffer
- ¾ Pfund Schweinelende ohne Knochen, gegen die Faser geschnitten
- 3 Esslöffel Pflanzenöl
- 2 Teelöffel geschälter fein gehackter frischer Ingwer
- 1 große Karotte, geschält und dünn auf 3 Zoll Länge geschnitten
- 6 bis 8 frische Holzohrpilze, in Julienne-Streifen geschnitten

- ½ kleiner Kopf Grünkohl, geraspelt
- 2 Frühlingszwiebeln, in ½ Zoll lange Stücke geschnitten
- 1 (4-Unzen) Dose in Scheiben geschnittene Bambussprossen, abgetropft und in Julienne geschnitten
- ¼ Tasse Pflaumensauce zum Servieren

**Richtungen:**

**Um die Pfannkuchen zu machen**

a) In einer großen Rührschüssel mit einem Holzlöffel Mehl, kochendes Wasser und eine Prise Salz verrühren. Kombinieren Sie alles, bis es ein zottiger Teig wird. Übertragen Sie den Teig auf ein bemehltes Schneidebrett und kneten Sie ihn von Hand etwa 4 Minuten lang oder bis er glatt ist. Der Teig wird heiß, also trage Einweghandschuhe, um deine Hände zu schützen. Den Teig zurück in die Schüssel geben und mit Plastikfolie abdecken. 30 Minuten ruhen lassen.

b) Formen Sie den Teig zu einem 12 Zoll langen Klotz, indem Sie ihn mit Ihren Händen ausrollen. Schneiden Sie den Stamm in 12 gleichmäßige Stücke und behalten Sie die runde Form bei, um Medaillons zu erstellen. Die Medaillons mit den Handflächen flach drücken und die Oberseiten mit dem Sesamöl bestreichen. Drücken Sie die geölten Seiten zusammen, um 6 Stapel doppelter Teigstücke zu bilden.

c) Rollen Sie jeden Stapel zu einem dünnen, runden Blatt mit einem Durchmesser von 7 bis 8 Zoll. Am besten wendest du den Pfannkuchen während des Rollens immer wieder, um eine gleichmäßige Dünne auf beiden Seiten zu erreichen.

d) Erhitzen Sie eine gusseiserne Pfanne bei mittlerer Hitze und backen Sie die Pfannkuchen nacheinander etwa 1 Minute lang auf der ersten Seite, bis sie leicht durchscheinend werden und Blasen bilden. Umdrehen, um die andere Seite weitere 30 Sekunden zu garen. Den Pfannkuchen auf einen mit einem Küchentuch ausgelegten Teller geben und die beiden Pfannkuchen vorsichtig auseinanderziehen.

**Um das Mu Shu Schweinefleisch zu machen**

e) Mischen Sie in einer Rührschüssel helles Soja, Maisstärke, Reiswein und eine Prise weißen Pfeffer. Fügen Sie das geschnittene Schweinefleisch hinzu und schwenken Sie es, um es zu überziehen und 10 Minuten lang zu marinieren.

f) Einen Wok bei mittlerer Hitze erhitzen, bis ein Tropfen Wasser brutzelt und bei Kontakt verdunstet. Gießen Sie das Pflanzenöl hinein und schwenken Sie es, um den Boden des Woks zu benetzen. Würze das Öl mit dem Ingwer und einer Prise Salz. Lassen Sie den Ingwer etwa 10 Sekunden lang im Öl brutzeln und leicht schwenken.

g) Fügen Sie das Schweinefleisch hinzu und braten Sie es 1 bis 2 Minuten lang an, bis es nicht mehr rosa ist. Fügen Sie die Karotte und die Pilze hinzu und braten Sie weitere 2 Minuten unter Rühren oder bis die Karotte weich ist. Den

Kohl, die Frühlingszwiebeln und die Bambussprossen hinzugeben und eine weitere Minute oder bis zum Erhitzen unter Rühren braten. In eine Schüssel geben und servieren, indem Sie die Schweinefleischfüllung in die Mitte eines Pfannkuchens löffeln und mit Pflaumensauce belegen.

# 63. Schweinerippchen mit schwarzer Bohnensauce

**Zutaten:**

- 1-Pfund-Schweinerippchen, quer in 1½ Zoll breite Streifen geschnitten
- ¼ Teelöffel gemahlener weißer Pfeffer
- 2 Esslöffel schwarze Bohnensauce oder im Laden gekaufte schwarze Bohnensauce
- 1 Esslöffel Shaoxing-Reiswein
- 1 Esslöffel Pflanzenöl
- 2 Teelöffel Maisstärke
- ½ Zoll frisches Ingwerstück, geschält und fein gehackt
- 2 Knoblauchzehen, fein gehackt
- 1 Teelöffel Sesamöl
- 2 Frühlingszwiebeln, in dünne Scheiben geschnitten

**Richtungen:**

a) Zwischen den Rippen aufschneiden, um sie in mundgerechte Rippchen zu teilen. In einer flachen, hitzebeständigen Schüssel die Rippchen und den weißen Pfeffer mischen. Schwarze-Bohnen-Sauce, Reiswein, Pflanzenöl, Maisstärke, Ingwer und Knoblauch dazugeben und vermengen, dabei darauf achten, dass alle Riblets bedeckt sind. 10 Minuten marinieren.

b) Spülen Sie einen Bambus-Dämpfkorb und seinen Deckel unter kaltem Wasser ab und stellen Sie ihn in den Wok. Gießen Sie 2 Zoll Wasser ein oder bis es etwa $\frac{1}{4}$ bis $\frac{1}{2}$ Zoll über den unteren Rand des Dampfgarers hinausragt, aber nicht so viel, dass es den Boden des Korbs berührt. Stellen Sie die Schüssel mit den Rippchen in den Dampfeinsatz und decken Sie sie ab.

c) Drehen Sie die Hitze auf hoch, um das Wasser zu kochen, und reduzieren Sie dann die Hitze auf mittelhoch. Bei mittlerer Hitze 20 bis 22 Minuten dämpfen oder bis die Riblets nicht mehr rosa sind. Möglicherweise müssen Sie das Wasser nachfüllen, also achten Sie immer wieder darauf, dass es im Wok nicht trocken kocht.

d) Nehmen Sie die Schüssel vorsichtig aus dem Dampfkorb. Die Rippchen mit Sesamöl beträufeln und mit den Frühlingszwiebeln garnieren. Sofort servieren.

## 64. Gebratenes mongolisches Lamm

**Zutaten:**

- 2 Esslöffel Shaoxing-Reiswein
- 1 Esslöffel dunkle Sojasauce
- 3 Knoblauchzehen, gehackt
- 2 Teelöffel Maisstärke
- 1 Teelöffel Sesamöl
- 1 Pfund Lammkeule ohne Knochen, in $\frac{1}{4}$ Zoll dicke Scheiben geschnitten
- 3 Esslöffel Pflanzenöl, geteilt
- 4 geschälte frische Ingwerscheiben, jede etwa so groß wie ein Viertel
- 2 ganze getrocknete rote Chilischoten (optional)
- Koscheres Salz
- 4 Frühlingszwiebeln, in 3 Zoll lange Stücke geschnitten, dann längs in dünne Scheiben geschnitten

**Richtungen:**

a) In einer großen Schüssel Reiswein, dunkles Soja, Knoblauch, Maisstärke und Sesamöl verrühren. Das Lamm in die Marinade geben und schwenken. 10 Minuten marinieren.

b) Einen Wok bei mittlerer Hitze erhitzen, bis ein Tropfen Wasser brutzelt und bei Kontakt verdunstet. Gießen Sie 2 Esslöffel Pflanzenöl hinein und schwenken Sie es, um den Boden des Woks zu bedecken. Würze das Öl mit Ingwer, Chilis (falls verwendet) und einer Prise Salz. Lassen Sie die Aromastoffe etwa 30 Sekunden im Öl brutzeln und schwenken Sie sie vorsichtig.

c) Mit einer Zange die Hälfte des Lammfleischs aus der Marinade heben und leicht schütteln, damit der Überschuss abtropfen kann. Reservieren Sie die Marinade. Im Wok 2 bis 3 Minuten anbraten. Wenden, um auf der anderen Seite weitere 1 bis 2 Minuten anzubraten. Rühren Sie durch schnelles Wenden und Wenden im Wok für 1 weitere Minute an. In eine saubere Schüssel umfüllen. Fügen Sie den restlichen 1 Esslöffel Pflanzenöl hinzu und wiederholen Sie den Vorgang mit dem restlichen Lamm.

d) Geben Sie das gesamte Lamm und die reservierte Marinade in den Wok und werfen Sie die Frühlingszwiebeln hinein. Weitere 1 Minute unter Rühren braten, oder bis das Lamm gar ist und die Marinade sich in eine glänzende Sauce verwandelt.

e) Auf eine Servierplatte geben, den Ingwer wegwerfen und heiß servieren.

# 65. Kreuzkümmel-gewürztes Lamm

**Zutaten:**

- ¾ Pfund Lammkeule ohne Knochen, in 1-Zoll-Stücke geschnitten
- 1 Esslöffel helle Sojasauce
- 1 Esslöffel Shaoxing-Reiswein
- Koscheres Salz
- 2 Esslöffel gemahlener Kreuzkümmel
- 1 Teelöffel Sichuan-Pfefferkörner, zerkleinert
- ½ Teelöffel Zucker
- 3 Esslöffel Pflanzenöl, geteilt
- 4 geschälte frische Ingwerscheiben, jede etwa so groß wie ein Viertel
- 2 Esslöffel Maisstärke
- ½ gelbe Zwiebel, längs in Streifen geschnitten
- 6 bis 8 ganze getrocknete chinesische Chilischoten (optional)
- 4 Knoblauchzehen, in dünne Scheiben geschnitten
- ½ Bund frischer Koriander, grob gehackt

**Richtungen:**

a) Mischen Sie in einer Rührschüssel Lammfleisch, helles Soja, Reiswein und eine kleine Prise Salz. Zum Überziehen wenden und 15 Minuten oder über Nacht im Kühlschrank marinieren.

b) In einer anderen Schüssel Kreuzkümmel, Sichuan-Pfefferkörner und Zucker verrühren. Beiseite legen.

c) Einen Wok bei mittlerer Hitze erhitzen, bis ein Tropfen Wasser brutzelt und bei Kontakt verdunstet. Gießen Sie 2 Esslöffel Öl hinein und schwenken Sie es, um den Boden des Woks zu bedecken. Würze das Öl mit dem Ingwer und einer Prise Salz. Lassen Sie den Ingwer etwa 30 Sekunden lang im Öl brutzeln und leicht schwenken.

d) Die Lammstücke mit der Speisestärke mischen und in den heißen Wok geben. Braten Sie das Lamm 2 bis 3 Minuten pro Seite an und braten Sie es dann weitere 1 oder 2 Minuten unter Rühren und Schwenken im Wok. Das Lamm in eine saubere Schüssel geben und beiseite stellen.

e) Fügen Sie den restlichen 1 Esslöffel Öl hinzu und schwenken Sie, um den Wok zu beschichten. Zwiebel und Chilischoten (falls verwendet) hineingeben und 3 bis 4 Minuten lang braten, oder bis die Zwiebel zu glänzen beginnt, aber nicht schlaff aussieht. Leicht mit einer kleinen Prise Salz würzen. Die Knoblauch-Gewürz-Mischung hinzugeben und eine weitere Minute unter Rühren braten.

f) Das Lamm wieder in den Wok geben und weitere 1 bis 2 Minuten schwenken, um es zu kombinieren. Auf eine Platte geben, den Ingwer wegwerfen und mit dem Koriander garnieren.

# 66. Lamm mit Ingwer und Lauch

**Zutaten:**

- ¾ Pfund Lammkeule ohne Knochen, in 3 Stücke geschnitten und dann quer zur Faser in dünne Scheiben geschnitten
- Koscheres Salz
- 2 Esslöffel Shaoxing-Reiswein
- 1 Esslöffel dunkle Sojasauce
- 1 Esslöffel helle Sojasauce
- 1 Teelöffel Austernsauce
- 1 Teelöffel Honig
- 1 bis 2 Teelöffel Sesamöl
- ½ Teelöffel gemahlene Sichuan-Pfefferkörner
- 2 Teelöffel Maisstärke
- 2 Esslöffel Pflanzenöl
- 1 EL geschälter und fein gehackter frischer Ingwer
- 2 Lauch, geputzt und in dünne Scheiben geschnitten
- 4 Knoblauchzehen, fein gehackt

**Richtungen:**

a) Das Lamm in einer Rührschüssel leicht mit 1 bis 2 Prisen Salz würzen. Zum Überziehen wenden und 10 Minuten beiseite stellen. In einer kleinen Schüssel Reiswein, dunkles Soja, helles Soja, Austernsauce, Honig, Sesamöl, Sichuanpfeffer und Maisstärke verrühren. Beiseite legen.

b) Einen Wok bei mittlerer Hitze erhitzen, bis ein Tropfen Wasser brutzelt und bei Kontakt verdunstet. Gießen Sie das Pflanzenöl hinein und schwenken Sie es, um den Boden des Woks zu benetzen. Würze das Öl mit dem Ingwer und einer Prise Salz. Lassen Sie den Ingwer etwa 10 Sekunden lang im Öl brutzeln und leicht schwenken.

c) Fügen Sie das Lamm hinzu und braten Sie es 1 bis 2 Minuten lang an. Beginnen Sie dann mit dem Rühren, schwenken und wenden Sie es weitere 2 Minuten oder bis es nicht mehr rosa ist. In eine saubere Schüssel umfüllen und beiseite stellen.

d) Fügen Sie den Lauch und den Knoblauch hinzu und braten Sie 1 bis 2 Minuten lang oder bis der Lauch hellgrün und weich ist. In die Lammschüssel geben.

e) Die Saucenmischung zugießen und 3 bis 4 Minuten köcheln lassen, bis die Sauce auf die Hälfte reduziert ist und glänzt. Lamm und Gemüse wieder in den Wok geben und mit der Sauce vermischen.

f) Auf eine Platte geben und heiß servieren.

# 67. Rindfleisch aus thailändischem Basilikum

**Zutaten:**

- 2 Esslöffel Öl
- 12 Unzen. Rindfleisch, dünn gegen die Faser geschnitten
- 5 Knoblauchzehen, gehackt
- ½ rote Paprika, in dünne Scheiben geschnitten
- 1 kleine Zwiebel, in dünne Scheiben geschnitten
- 2 Teelöffel Sojasauce
- 1 Teelöffel dunkle Sojasauce
- 1 Teelöffel Austernsauce
- 1 Esslöffel Fischsauce
- ½ Teelöffel Zucker
- 1 Tasse Thai-Basilikumblätter, verpackt
- Koriander, zum Garnieren

**Richtungen:**

a) Erhitzen Sie Ihren Wok bei starker Hitze und fügen Sie das Öl hinzu. Das Rindfleisch anbraten, bis es gerade gebräunt ist. Aus dem Wok nehmen und beiseite stellen.
b) Knoblauch und Paprika in den Wok geben und etwa 20 Sekunden unter Rühren braten.
c) Fügen Sie die Zwiebeln hinzu und braten Sie sie an, bis sie gebräunt und leicht karamellisiert sind.
d) Das Rindfleisch zusammen mit der Sojasauce, der dunklen Sojasauce, der Austernsauce, der Fischsauce und dem Zucker wieder hineingeben.
e) Noch ein paar Sekunden unter Rühren braten und dann das Thai-Basilikum unterheben, bis es gerade zusammengefallen ist.

f) Mit Jasminreis servieren und mit Koriander garnieren.

# 68. Chinesisches BBQ-Schweinefleisch

# AUFSCHLÄGE 8

**Zutaten:**

- 3 Pfund (1,4 kg) Schweineschulter/Schweinehintern (wählen Sie ein Stück mit etwas gutem Fett darauf)
- $\frac{1}{4}$ Tasse (50 g) Zucker
- 2 Teelöffel Salz
- $\frac{1}{2}$ Teelöffel Fünf-Gewürze-Pulver
- $\frac{1}{4}$ Teelöffel weißer Pfeffer
- $\frac{1}{2}$ Teelöffel Sesamöl
- 1 Esslöffel Shaoxing-Wein oder
- Chinesischer Pflaumenwein
- 1 Esslöffel Sojasauce
- 1 Esslöffel Hoisin-Sauce
- 2 Teelöffel Melasse
- 3 Zehen fein gehackter Knoblauch
- 2 Esslöffel Maltose oder Honig
- 1 Esslöffel heißes Wasser

**Richtungen:**

a) Schneiden Sie das Schweinefleisch in lange Streifen oder Stücke von etwa 3 Zoll Dicke. Schneiden Sie kein überschüssiges Fett ab, da es ausläuft und Geschmack hinzufügt.

b) Kombinieren Sie Zucker, Salz, Fünf-Gewürze-Pulver, weißen Pfeffer, Sesamöl, Wein, Sojasauce, Hoisinsauce, Melasse, Lebensmittelfarbe (falls verwendet) und Knoblauch in einer Schüssel, um die Marinade herzustellen.
c) Reservieren Sie etwa 2 Esslöffel Marinade und stellen Sie sie beiseite. Das Schweinefleisch in einer großen Schüssel oder Auflaufform mit der restlichen Marinade einreiben. Abdecken und über Nacht oder mindestens 8 Stunden kühl stellen. Decken Sie die reservierte Marinade ab und bewahren Sie sie ebenfalls im Kühlschrank auf.
d) Heizen Sie Ihren Ofen auf die höchste Einstellung (475-550 Grad F oder 250-290 Grad C) mit einem Rost im oberen Drittel des Ofens vor. Legen Sie eine Blechpfanne mit Folie aus und stellen Sie ein Metallgitter darauf. Legen Sie das Schweinefleisch auf den Rost und lassen Sie so viel Platz wie möglich zwischen den Stücken. Gießen Sie 1 $\frac{1}{2}$ Tassen Wasser in die Pfanne unter dem Rost. Dadurch wird verhindert, dass Tropfen verbrennen oder rauchen.
e) Übertragen Sie das Schweinefleisch in Ihren vorgeheizten Ofen und braten Sie es 25 Minuten lang. Nach 25 Minuten das Schweinefleisch wenden. Wenn der Boden der Pfanne trocken ist, fügen Sie eine weitere Tasse Wasser hinzu. Drehen Sie die Pfanne um 180 Grad, um ein gleichmäßiges Braten zu gewährleisten. Weitere 15 Minuten braten.
f) In der Zwischenzeit die beiseite gestellte Marinade mit der Maltose oder dem Honig und 1 Esslöffel heißem Wasser verrühren. Dies ist die Sauce, die Sie zum Begießen des Schweinefleischs verwenden werden.

g) Nach 40 Minuten Gesamtbratzeit das Schweinefleisch begießen, wenden und die andere Seite ebenfalls begießen. Letzte 10 Minuten braten.

h) Nach 50 Minuten Gesamtbratzeit sollte das Schweinefleisch durchgegart und oben karamellisiert sein. Wenn es nicht nach Ihrem Geschmack karamellisiert ist, können Sie den Grill für ein paar Minuten einschalten, um die Außenseite knusprig zu machen und etwas Farbe/Geschmack hinzuzufügen.

# 69. Gedämpfte Schweinefleischbrötchen vom Grill

## MACHT 10 BRÖTCHEN

Zutaten:

Für den gedämpften Brötchenteig:

- 1 Teelöffel aktive Trockenhefe
- ¾ Tasse warmes Wasser
- 2 Tassen Allzweckmehl
- 1 Tasse Maisstärke
- 5 Esslöffel Zucker
- ¼ Tasse Raps- oder Pflanzenöl
- 2½ Teelöffel Backpulver

Für die Füllung:

- 1 Esslöffel Öl
- ⅓ Tasse fein gehackte Schalotten oder rote Zwiebel
- 1 Esslöffel Zucker
- 1 Esslöffel helle Sojasauce
- 1½ Esslöffel Austernsauce
- 2 Teelöffel Sesamöl
- 2 Teelöffel dunkle Sojasauce
- ½ Tasse Hühnerbrühe
- 2 Esslöffel Allzweckmehl
- 1½ Tassen gewürfelter chinesischer Schweinebraten

**Richtungen:**

a) In der Schüssel eines Elektromixers mit Knethakenaufsatz (Sie können auch eine normale Rührschüssel verwenden und von Hand kneten) 1 Teelöffel aktive Trockenhefe in 3/4 Tasse warmem Wasser auflösen. Mehl und Speisestärke sieben und zusammen mit Zucker und Öl zur Hefemischung geben.

b) Schalten Sie den Mixer auf die niedrigste Stufe und lassen Sie ihn laufen, bis eine glatte Teigkugel entsteht. Mit einem feuchten Tuch abdecken und 2 Stunden ruhen lassen. (Das Backpulver fügst du später hinzu!)

c) Während der Teig ruht, die Fleischfüllung zubereiten. 1 Esslöffel Öl in einem Wok bei mittlerer Hitze erhitzen. Schalotten/Zwiebeln zugeben und 1 Minute braten. Reduzieren Sie die Hitze auf mittel-niedrig und fügen Sie den Zucker, die helle Sojasauce, die Austernsauce, das Sesamöl und die dunkle Sojasauce hinzu. Rühren und kochen, bis die Mischung zu sprudeln beginnt. Fügen Sie die Hühnerbrühe und das Mehl hinzu und kochen Sie 3 Minuten lang, bis sie eingedickt sind. Vom Herd nehmen und den Schweinebraten unterrühren. Zum Abkühlen beiseite stellen. Wenn Sie die Füllung vorzeitig zubereiten, decken Sie sie ab und kühlen Sie sie, damit sie nicht austrocknet.

d) Nachdem Ihr Teig 2 Stunden geruht hat, geben Sie das Backpulver zum Teig und schalten Sie den Mixer auf die niedrigste Stufe. Wenn der Teig zu diesem Zeitpunkt trocken aussieht oder Sie Probleme haben, das Backpulver einzuarbeiten, fügen Sie 1-2 Teelöffel Wasser hinzu. Den Teig vorsichtig kneten, bis er wieder glatt wird. Mit einem feuchten Tuch abdecken und weitere 15 Minuten ruhen lassen. Nimm in der Zwischenzeit ein großes Stück Pergamentpapier und schneide es in zehn Quadrate von 4 x 4 Zoll. Bereiten Sie Ihren Dampfgarer vor, indem Sie das Wasser zum Kochen bringen.

e) Jetzt können wir die Brötchen zusammensetzen: Rollen Sie den Teig zu einer langen Röhre und teilen Sie ihn in 10 gleiche Stücke. Drücken Sie jedes Teigstück in eine Scheibe mit einem Durchmesser von etwa $4\frac{1}{2}$ Zoll (es sollte in der Mitte dicker und an den Rändern dünner sein). Fügen Sie etwas Füllung hinzu und falten Sie die Brötchen, bis sie oben geschlossen sind.

f) Legen Sie jedes Brötchen auf ein Pergamentpapierquadrat und dämpfen Sie es. Ich habe die Brötchen in zwei separaten Chargen mit einem gedämpften Bambus gedämpft.

g) Sobald das Wasser kocht, die Brötchen in den Dampfgarer geben und jede Portion 12 Minuten lang bei starker Hitze dämpfen.

# 70. Kantonesischer Schweinebauchbraten

SERVIERT 6-8

## Zutaten:

- 3 Pfund Schweinebauch, mit Haut
- 2 Teelöffel Shaoxing-Wein
- 2 Teelöffel Salz
- 1 Teelöffel Zucker
- ½ Teelöffel Fünf-Gewürze-Pulver
- ¼ Teelöffel weißer Pfeffer
- 1½ Teelöffel Reisweinessig
- ½ Tasse grobes Meersalz

## Richtungen:

a) Den Schweinebauch abspülen und trocken tupfen. Legen Sie es mit der Hautseite nach unten auf ein Tablett und reiben Sie den Shaoxing-Wein in das Fleisch (nicht in die Haut). Mischen Sie Salz, Zucker,

b) Fünf-Gewürze-Pulver und weißer Pfeffer. Auch das Fleisch mit dieser Gewürzmischung gründlich einreiben. Drehen Sie das Fleisch um, sodass es mit der Hautseite nach oben liegt.

c) Für den nächsten Schritt gibt es also eigentlich ein spezielles Werkzeug, das Restaurants verwenden, aber wir haben nur einen scharfen Metallspieß verwendet. Stechen Sie systematisch Löcher in die Haut, was dazu beiträgt, dass die Haut knusprig wird, anstatt glatt und ledrig zu bleiben. Je mehr Löcher vorhanden sind, desto besser. Stellen Sie außerdem sicher, dass sie tief genug gehen. Kurz über der darunter liegenden Fettschicht aufhören.

d) Den Schweinebauch offen im Kühlschrank 12-24 Stunden trocknen lassen.
e) Heizen Sie den Ofen auf 375 Grad F vor. Legen Sie ein großes Stück Aluminiumfolie (am besten eignet sich schwere Folie) auf ein Backblech und falten Sie die Seiten eng um das Schweinefleisch herum, sodass Sie rundherum eine Art Schachtel bilden , mit einem 1 Zoll hohen Rand, der um die Seiten geht.
f) Streichen Sie den Reisessig auf die Schweinehaut. Packen Sie das Meersalz in einer gleichmäßigen Schicht über die Haut, sodass das Schweinefleisch vollständig bedeckt ist. In den Ofen geben und 1 Stunde und 30 Minuten backen. Wenn Ihr Schweinebauch noch mit der Rippe verbunden ist, braten Sie ihn 1 Stunde und 45 Minuten lang.
g) Nehmen Sie das Schweinefleisch aus dem Ofen, schalten Sie den Grill auf niedrige Stufe und stellen Sie den Ofenrost in die niedrigste Position. Entfernen Sie die oberste Meersalzschicht vom Schweinebauch, falten Sie die Folie auseinander und stellen Sie einen Bratenrost auf die Pfanne. Legen Sie den Schweinebauch auf den Rost und legen Sie ihn wieder unter den Grill, damit er knusprig wird. Dies sollte 10-15 Minuten dauern. Der Broiler sollte idealerweise auf „Niedrig" stehen, damit dieser Vorgang allmählich erfolgen kann. Wenn Ihr Grill ziemlich heiß wird, behalten Sie ihn im Auge und achten Sie darauf, das Schweinefleisch so weit wie möglich von der Wärmequelle entfernt zu halten.
h) Wenn die Haut aufgegangen und knusprig geworden ist, aus dem Ofen nehmen. Etwa 15 Minuten ruhen lassen. Aufschneiden und servieren!

# 71. Gebratene Kaiserschoten

## Zutaten

- 2 Esslöffel Pflanzenöl
- 2 geschälte frische Ingwerscheiben, jede etwa so groß wie ein Viertel
- Koscheres Salz
- $\frac{3}{4}$ Pfund Kaiserschoten oder Zuckerschoten, Fäden entfernt

**Richtungen:**

a) Einen Wok bei mittlerer Hitze erhitzen, bis ein Tropfen Wasser brutzelt und bei Kontakt verdunstet. Gießen Sie das Öl hinein und schwenken Sie es, um den Boden des Woks zu bedecken. Würze das Öl mit den Ingwerscheiben und einer Prise Salz. Lassen Sie den Ingwer etwa 30 Sekunden lang im Öl brutzeln und leicht schwenken.

b) Zuckererbsen dazugeben und mit einem Pfannenwender schwenken, um sie mit Öl zu bestreichen. 2 bis 3 Minuten unter Rühren braten, bis sie hellgrün und knusprig zart sind.

c) Auf eine Platte geben und den Ingwer wegwerfen. Heiß servieren.

## 72. Gebratener Spinat mit Knoblauch und Sojasauce

## Zutaten

- 1 Esslöffel helle Sojasauce
- 1 Teelöffel Zucker
- 2 Esslöffel Pflanzenöl
- 4 Knoblauchzehen, in dünne Scheiben geschnitten
- Koscheres Salz
- 8 Unzen vorgewaschener Babyspinat

**Richtungen:**

a) In einer kleinen Schüssel das helle Soja und den Zucker verrühren, bis sich der Zucker aufgelöst hat, und beiseite stellen.

b) Einen Wok bei mittlerer Hitze erhitzen, bis ein Tropfen Wasser brutzelt und bei Kontakt verdunstet. Gießen Sie das Öl hinein und schwenken Sie es, um den Boden des Woks zu bedecken. Fügen Sie den Knoblauch und eine Prise Salz hinzu und braten Sie es unter Rühren, bis der Knoblauch duftet, etwa 10 Sekunden lang. Mit einem Schaumlöffel den Knoblauch aus der Pfanne nehmen und beiseite stellen.

c) Den Spinat in das gewürzte Öl geben und unter Rühren braten, bis das Grün gerade zusammengefallen und hellgrün ist. Fügen Sie die Zucker-Soja-Mischung hinzu und schwenken Sie sie, um sie zu beschichten. Geben Sie den Knoblauch zurück in den Wok und schwenken Sie ihn zum Einarbeiten. Auf einen Teller geben und servieren.

## 73. Würziger gebratener Chinakohl

**Zutaten**

- 2 Esslöffel Pflanzenöl
- 3 oder 4 getrocknete Chilischoten
- 2 geschälte frische Ingwerscheiben, jede etwa so groß wie ein Viertel
- Koscheres Salz
- 2 Knoblauchzehen, in Scheiben geschnitten
- 1 Kopf Chinakohl, geraspelt
- 1 Esslöffel helle Sojasauce
- $\frac{1}{2}$ Esslöffel schwarzer Essig
- Frisch gemahlener schwarzer Pfeffer

**Richtungen:**

a) Einen Wok bei mittlerer Hitze erhitzen. Gießen Sie das Öl hinein und fügen Sie die Chilis hinzu. Lassen Sie die Chilis 15 Sekunden lang im Öl brutzeln. Die Ingwerscheiben und eine Prise Salz hinzugeben. Den Knoblauch hineingeben und kurz anbraten, um das Öl zu aromatisieren, etwa 10 Sekunden lang. Lassen Sie den Knoblauch nicht braun werden oder anbrennen.

b) Den Kohl dazugeben und unter Rühren braten, bis er zusammenfällt und hellgrün wird, etwa 4 Minuten. Das helle Soja und den schwarzen Essig hinzugeben und mit je einer

Prise Salz und Pfeffer würzen. Weitere 20 bis 30 Sekunden ziehen lassen.

c) Auf eine Platte geben und den Ingwer wegwerfen. Heiß servieren.

## 74. Trocken gebratene Bohnen

## Zutaten

- 1 Esslöffel helle Sojasauce
- 1 Esslöffel gehackter Knoblauch
- 1 Esslöffel Doubanjiang (chinesische Chilibohnenpaste)
- 2 Teelöffel Zucker
- 1 Teelöffel Sesamöl
- Koscheres Salz
- ½ Tasse Pflanzenöl
- 1 Pfund grüne Bohnen, getrimmt, halbiert und trocken getupft

## Richtungen:

a) In einer kleinen Schüssel helles Soja, Knoblauch, Bohnenpaste, Zucker, Sesamöl und eine Prise Salz verrühren. Beiseite legen.

b) In einem Wok das Pflanzenöl bei mittlerer Hitze erhitzen. Braten Sie die Bohnen. Drehen Sie die Bohnen vorsichtig im Öl, bis sie faltig erscheinen.

c) Wenn alle Bohnen gekocht sind, das restliche Öl vorsichtig in einen hitzebeständigen Behälter umfüllen. Verwenden Sie eine Zange mit ein paar Papiertüchern, um den Wok auszuwischen und zu reinigen.

d) Stellen Sie den Wok wieder auf hohe Hitze und fügen Sie 1 Esslöffel des beiseite gestellten Frittieröls hinzu. Fügen Sie die grünen Bohnen und die Chilisauce hinzu und braten Sie sie unter Rühren, bis die Sauce kocht und die grünen Bohnen bedeckt. Die Bohnen auf eine Platte geben und heiß servieren.

## 75. Gebratener Bok Choy und Pilze

## Zutaten

- 3 Esslöffel Pflanzenöl
- 1 geschälte frische Ingwerscheibe, etwa so groß wie ein Viertel
- $\frac{1}{2}$ Pfund frische Shiitake-Pilze
- 2 Knoblauchzehen, gehackt
- $1\frac{1}{2}$ Pfund Baby Pak Choi, quer in 1-Zoll-Stücke geschnitten
- 2 Esslöffel Shaoxing-Reiswein
- 2 Teelöffel helle Sojasauce
- 2 Teelöffel Sesamöl

## Richtungen:

a) Einen Wok bei mittlerer Hitze erhitzen. Gießen Sie das Pflanzenöl hinein und schwenken Sie es, um den Boden des Woks zu benetzen. Fügen Sie die Ingwerscheibe und eine Prise Salz hinzu.

b) Fügen Sie die Pilze hinzu und braten Sie sie 3 bis 4 Minuten lang an, bis sie gerade anfangen zu bräunen. Fügen Sie den Knoblauch hinzu und braten Sie ihn etwa 30 Sekunden lang an, bis er duftet.

c) Den Pak Choi dazugeben und mit den Pilzen vermengen. Reiswein, helles Soja und Sesamöl hinzufügen. Kochen Sie für 3 bis 4 Minuten und schwenken Sie das Gemüse ständig, bis es weich ist.

d) Das Gemüse auf eine Servierplatte geben, den Ingwer wegwerfen und heiß servieren.

# 76. Gebratenes Gemüsegemüse

## Zutaten

- 3 Esslöffel Pflanzenöl
- 1 geschälte frische Ingwerscheibe, etwa so groß wie ein Viertel
- Koscheres Salz
- $\frac{1}{2}$ weiße Zwiebel, in 1-Zoll-Stücke geschnitten
- 1 große Karotte, geschält und schräg geschnitten
- 2 Sellerierippchen, diagonal in $\frac{1}{4}$ Zoll dicke Scheiben schneiden
- 6 frische Shiitake-Pilze
- 1 rote Paprika, in 1-Zoll-Stücke geschnitten
- 1 kleine Handvoll grüne Bohnen, getrimmt
- 2 Knoblauchzehen, fein gehackt
- 2 Frühlingszwiebeln, in dünne Scheiben geschnitten

## Richtungen:

a) Einen Wok bei mittlerer Hitze erhitzen, bis ein Tropfen Wasser brutzelt und bei Kontakt verdunstet. Gießen Sie das Öl hinein und schwenken Sie es, um den Boden des Woks zu bedecken. Würzen Sie das Öl, indem Sie die Ingwerscheibe und eine Prise Salz hinzufügen. Lassen Sie das Öl etwa 30 Sekunden lang brutzeln und schwenken Sie es vorsichtig.

b) Zwiebel, Karotte und Sellerie in den Wok geben und unter Rühren anbraten, dabei das Gemüse schnell mit einem Pfannenwender im Wok hin- und herbewegen. Wenn das Gemüse beginnt, zart auszusehen, etwa 4 Minuten, fügen Sie die Pilze hinzu und schwenken Sie sie weiter in den heißen Wok.

c) Wenn die Pilze weich aussehen, fügen Sie die Paprika hinzu und rühren Sie weitere 4 Minuten lang um. Wenn die Paprikaschoten weich werden, fügen Sie die grünen Bohnen hinzu und rühren Sie, bis sie weich sind, etwa 3 weitere Minuten. Fügen Sie den Knoblauch hinzu und schwenken Sie ihn, bis er duftet.

d) Auf eine Platte geben, den Ingwer wegwerfen und mit den Frühlingszwiebeln garnieren. Heiß servieren.

## 77. Buddhas Freude

## Zutaten

- Kleine Handvoll (ca ⅓ Tasse) getrocknete Holzohrpilze
- 8 getrocknete Shiitake-Pilze
- 2 Esslöffel helle Sojasauce
- 2 Teelöffel Zucker
- 1 Teelöffel Sesamöl
- 2 Esslöffel Pflanzenöl
- 2 geschälte frische Ingwerscheiben, jede etwa so groß wie ein Viertel
- Koscheres Salz
- 1 Delicata-Kürbis, halbiert, entkernt und in mundgerechte Stücke geschnitten
- 2 Esslöffel Shaoxing-Reiswein
- 1 Tasse Zuckerschoten, Fäden entfernt
- 1 (8-Unzen) kann Kastanien gießen, gespült und abgelassen
- Frisch gemahlener schwarzer Pfeffer

## Richtungen:

a) Weichen Sie beide getrockneten Pilze in separaten Schalen, die gerade mit heißem Wasser bedeckt sind, etwa 20 Minuten lang ein, bis sie weich sind. Lassen Sie die Holzohr-Einweichflüssigkeit ab und entsorgen Sie sie. ½ Tasse der

Shiitake-Flüssigkeit abgießen und aufbewahren. Fügen Sie der Pilzflüssigkeit das helle Soja, den Zucker und das Sesamöl hinzu und rühren Sie um, um den Zucker aufzulösen. Beiseite legen.

b) Einen Wok bei mittlerer Hitze erhitzen, bis ein Tropfen Wasser brutzelt und bei Kontakt verdunstet. Gießen Sie das Pflanzenöl hinein und schwenken Sie es, um den Boden des Woks zu benetzen. Würze das Öl mit den Ingwerscheiben und einer Prise Salz. Lassen Sie den Ingwer etwa 30 Sekunden lang im Öl brutzeln und leicht schwenken.

c) Fügen Sie den Kürbis hinzu und braten Sie ihn unter Rühren an, indem Sie ihn etwa 3 Minuten lang mit dem gewürzten Öl schwenken. Beide Pilze und den Reiswein zugeben und weitere 30 Sekunden unter Rühren braten. Kaiserschoten und Wasserkastanien hinzugeben und mit Öl bestreichen. Fügen Sie die reservierte Pilzgewürzflüssigkeit hinzu und decken Sie sie ab. Weiter kochen, gelegentlich umrühren, bis das Gemüse gerade weich ist, etwa 5 Minuten.

d) Den Deckel abnehmen und mit Salz und Pfeffer abschmecken. Den Ingwer wegwerfen und servieren.

# 78. Tofu nach Hunan-Art

## Zutaten

- 1 Teelöffel Maisstärke
- 1 Esslöffel Wasser
- 4 Esslöffel Pflanzen- oder Rapsöl, geteilt
- Koscheres Salz
- 1 Pfund fester Tofu, abgetropft und in $\frac{1}{2}$ Zoll dicke Quadrate mit 2 Zoll Durchmesser geschnitten
- 3 Esslöffel fermentierte schwarze Bohnen, gespült und zerdrückt
- 2 Esslöffel Doubanjiang (chinesische Chilibohnenpaste)
- 1-Zoll-Stück frischer Ingwer, geschält und fein gehackt
- 3 Knoblauchzehen, fein gehackt
- 1 große rote Paprika, in 1-Zoll-Stücke geschnitten
- 4 Frühlingszwiebeln, in 2-Zoll-Abschnitte geschnitten
- 1 Esslöffel Shaoxing-Reiswein
- 1 Teelöffel Zucker
- $\frac{1}{4}$ Tasse natriumarme Hühner- oder Gemüsebrühe

## Richtungen:
a) In einer kleinen Schüssel Maisstärke und Wasser verrühren und beiseite stellen.

b) Einen Wok bei mittlerer Hitze erhitzen, bis ein Tropfen Wasser brutzelt und bei Kontakt verdunstet. Gießen Sie 2 Esslöffel Öl hinein und schwenken Sie es, um den Boden und die Seiten des Woks zu bedecken. Eine Prise Salz hinzugeben und die Tofuscheiben in einer Schicht im Wok anrichten. Braten Sie den Tofu 1 bis 2 Minuten lang an und kippen Sie den Wok herum, damit das Öl beim Anbraten unter den Tofu gleitet. Wenn die erste Seite gebräunt ist, den Tofu vorsichtig mit einem Pfannenwender wenden und weitere 1 bis 2 Minuten goldbraun anbraten. Den angebratenen Tofu auf einen Teller geben und beiseite stellen.

c) Reduzieren Sie die Hitze auf mittel-niedrig. Die restlichen 2 Esslöffel Öl in den Wok geben. Sobald das Öl leicht zu rauchen beginnt, die schwarzen Bohnen, die Bohnenpaste, den Ingwer und den Knoblauch hinzugeben. 20 Sekunden unter Rühren braten, oder bis das Öl durch die Bohnenpaste eine tiefrote Farbe annimmt.

d) Paprika und Frühlingszwiebeln dazugeben und mit Shaoxing-Wein und Zucker vermengen. Kochen Sie für eine weitere Minute oder bis der Wein fast verdunstet ist und die Paprika weich ist.

e) Den gebratenen Tofu vorsichtig unterheben, bis alle Zutaten im Wok vereint sind. Koche weitere 45 Sekunden oder bis der Tofu eine tiefrote Farbe annimmt und die Frühlingszwiebeln zusammengefallen sind.

f) Die Hühnerbrühe über die Tofu-Mischung träufeln und vorsichtig umrühren, um den Wok abzulöschen und alle festsitzenden Stücke auf dem Wok aufzulösen. Die Maisstärke-Wasser-Mischung kurz umrühren und in den Wok geben. Vorsichtig umrühren und 2 Minuten köcheln lassen, oder bis die Sauce glänzend und dickflüssig wird. Heiß servieren.

# 79. Ma-Po-Tofu

## Zutaten

- ½ Pfund Hackfleisch
- 2 Esslöffel Shaoxing-Reiswein
- 2 Teelöffel helle Sojasauce
- 1 Teelöffel geschälter, fein gehackter frischer Ingwer
- 2 Teelöffel Maisstärke
- 1½ Esslöffel Wasser
- 2 Esslöffel Pflanzenöl
- 1 Esslöffel Sichuan-Pfefferkörner, zerkleinert
- 3 Esslöffel Doubanjiang (chinesische Chilibohnenpaste)
- 4 Frühlingszwiebeln, in dünne Scheiben geschnitten, geteilt
- 1 Teelöffel Chiliöl
- 1 Teelöffel Zucker
- ½ Teelöffel chinesisches Fünf-Gewürze-Pulver
- 1 Pfund mittelgroßer Tofu, abgetropft und in ½-Zoll-Würfel geschnitten
- 1½ Tassen natriumarme Hühnerbrühe
- Koscheres Salz
- 1 Esslöffel grob gehackte frische Korianderblätter zum Garnieren

**Richtungen:**

a) Mischen Sie in einer kleinen Schüssel das Hackfleisch, den Reiswein, die helle Soja und den Ingwer. Beiseite legen. In einer anderen kleinen Schüssel die Maisstärke mit dem Wasser vermischen. Beiseite legen.

b) Erhitzen Sie einen Wok bei mittlerer Hitze und gießen Sie das Pflanzenöl hinein. Fügen Sie die Sichuan-Pfefferkörner hinzu und braten Sie sie vorsichtig an, bis sie zu brutzeln beginnen, wenn sich das Öl erhitzt.

c) Fügen Sie das marinierte Schweinefleisch und die Bohnenpaste hinzu und braten Sie es 4 bis 5 Minuten lang, bis das Schweinefleisch gebräunt und zerbröselt ist. Fügen Sie die Hälfte der Frühlingszwiebeln, das Chiliöl, den Zucker und das Fünf-Gewürze-Pulver hinzu. Unter Rühren weitere 30 Sekunden braten oder bis die Frühlingszwiebeln zusammenfallen.

d) Die Tofuwürfel über das Schweinefleisch streuen und mit der Brühe aufgießen. Nicht umrühren; Den Tofu erst garen und fest werden lassen. Zugedeckt 15 Minuten bei mittlerer Hitze köcheln lassen. Aufdecken und vorsichtig umrühren. Achten Sie darauf, die Tofuwürfel nicht zu sehr zu zerkleinern.

e) Probieren Sie und fügen Sie je nach Vorliebe Salz oder Zucker hinzu. Zusätzlicher Zucker kann die Schärfe beruhigen, wenn es zu heiß ist. Maisstärke und Wasser nochmals verrühren und zum Tofu geben. Vorsichtig umrühren, bis die Sauce eindickt.

f) Mit den restlichen Frühlingszwiebeln und dem Koriander garnieren und heiß servieren.

# 80. Gedämpfter Tofu in einer einfachen Sauce

**Zutaten**

- 1 Pfund mittelgroßer Tofu
- 2 Esslöffel helle Sojasauce
- 1 Esslöffel Sesamöl
- 2 Teelöffel schwarzer Essig
- 2 Knoblauchzehen, fein gehackt
- 1 Teelöffel geschälter, fein gehackter frischer Ingwer
- $\frac{1}{2}$ Teelöffel Zucker
- 2 Frühlingszwiebeln, in dünne Scheiben geschnitten
- 1 Esslöffel grob gehackte frische Korianderblätter

**Richtungen:**

a) Nehmen Sie den Tofu aus seiner Verpackung und achten Sie darauf, dass er intakt bleibt. Legen Sie es auf einen großen Teller und schneiden Sie es vorsichtig in 1 bis $1\frac{1}{2}$ Zoll dicke Scheiben. 5 Minuten beiseite stellen. Wenn der Tofu ruht, kann mehr Molke abfließen.

b) Spülen Sie einen Bambus-Dämpfkorb und seinen Deckel unter kaltem Wasser ab und stellen Sie ihn in den Wok. Gießen Sie etwa 2 Zoll kaltes Wasser ein oder bis es etwa $\frac{1}{4}$ bis $\frac{1}{2}$ Zoll über den unteren Rand des Dampfgarers hinausragt, aber nicht so hoch, dass das Wasser den Boden des Korbs berührt.

c) Überschüssige Molke von der Tofuplatte abtropfen lassen und die Platte in den Bambusdämpfer stellen. Decken Sie den Wok ab und stellen Sie ihn auf mittlere bis hohe Hitze. Das Wasser zum Kochen bringen und den Tofu 6 bis 8 Minuten dämpfen.

d) Während der Tofu dämpft, in einem kleinen Topf helles Soja, Sesamöl, Essig, Knoblauch, Ingwer und Zucker bei schwacher Hitze verrühren, bis sich der Zucker aufgelöst hat.

e) Die warme Soße über den Tofu träufeln und mit Frühlingszwiebeln und Koriander garnieren.

## 81. Sesam Spargel

## Zutaten

- 2 Esslöffel helle Sojasauce
- 1 Teelöffel Zucker
- 1 Esslöffel Pflanzenöl
- 2 große Knoblauchzehen, grob gehackt
- 2 Pfund Spargel, getrimmt und diagonal in 2 Zoll lange Stücke geschnitten
- Koscheres Salz
- 2 Esslöffel Sesamöl
- 1 Esslöffel geröstete Sesamsamen

## Richtungen:

a) Rühren Sie in einer kleinen Schüssel das helle Soja und den Zucker zusammen, bis sich der Zucker auflöst. Beiseite legen.

b) Einen Wok bei mittlerer Hitze erhitzen, bis ein Tropfen Wasser brutzelt und bei Kontakt verdunstet. Gießen Sie das Pflanzenöl hinein und schwenken Sie es, um den Boden des Woks zu benetzen. Fügen Sie den Knoblauch hinzu und braten Sie ihn etwa 10 Sekunden lang an, bis er duftet.

c) Den Spargel dazugeben und anbraten. Fügen Sie die Sojasaucenmischung hinzu und schwenken Sie sie, um den Spargel zu bedecken, und kochen Sie für etwa 1 Minute weiter.

d) Das Sesamöl über den Spargel träufeln und in eine Servierschüssel geben. Mit Sesam garnieren und heiß servieren.

## 82. Chinesischer Brokkoli mit Austernsauce

**Zutaten**

- $\frac{1}{4}$ Tasse Austernsauce
- 2 Teelöffel helle Sojasauce
- 1 Teelöffel Sesamöl
- 2 Esslöffel Pflanzenöl
- 4 geschälte frische Ingwerscheiben, jede etwa so groß wie ein Viertel
- 4 Knoblauchzehen, geschält
- Koscheres Salz
- 2 Bund chinesischer Brokkoli oder Brokkoli, harte Enden getrimmt
- 2 Esslöffel Wasser

**Richtungen:**

a) In einer kleinen Schüssel die Austernsauce, helles Soja und Sesamöl verrühren und beiseite stellen.

b) Einen Wok bei mittlerer Hitze erhitzen, bis ein Tropfen Wasser brutzelt und bei Kontakt verdunstet. Gießen Sie das Pflanzenöl hinein und schwenken Sie es, um den Boden des Woks zu benetzen. Ingwer, Knoblauch und eine Prise Salz hinzugeben. Lassen Sie die Aromastoffe etwa 10 Sekunden lang im Öl brutzeln und sanft schwenken.

c) Fügen Sie den Brokkoli hinzu und rühren Sie ihn um, bis er mit Öl überzogen und hellgrün ist. Fügen Sie das Wasser hinzu und dämpfen Sie den Brokkoli zugedeckt etwa 3 Minuten lang oder bis die Stiele leicht mit einem Messer durchstochen werden können. Ingwer und Knoblauch entfernen und wegwerfen.

d) Die Sauce einrühren und schwenken, bis sie heiß ist. Auf einen Servierteller geben.

# SUPPEN

## 83. Kokos-Curry-Nudelsuppe

**Zutaten:**
- 2 Esslöffel Öl
- 3 Knoblauchzehen, gehackt
- 1 Esslöffel frischer Ingwer, gerieben
- 3 Esslöffel thailändische rote Currypaste
- 8 Unzen. Hähnchenbrust oder -keulen ohne Knochen, in Scheiben geschnitten
- 4 Tassen Hühnerbrühe
- 1 Tasse Wasser
- 2 Esslöffel Fischsauce
- ⅔ Tasse Kokosmilch
- 6 Unzen. getrocknete Reisfadennudeln
- 1 Limette, entsaftet


**Richtungen:**
a) In Scheiben geschnittene rote Zwiebel, rote Chilis, Koriander, Frühlingszwiebeln zum Garnieren
b) In einem großen Topf bei mittlerer Hitze das Öl, den Knoblauch, den Ingwer und die rote Thai-Curry-Paste hinzufügen. 5 Minuten braten, bis es duftet.
c) Fügen Sie das Huhn hinzu und kochen Sie es einige Minuten lang, bis das Huhn undurchsichtig wird.
d) Fügen Sie die Hühnerbrühe, Wasser, Fischsauce und Kokosmilch hinzu. Zum Kochen bringen.
e) Probieren Sie an dieser Stelle die Brühe nach Salz und passen Sie die Gewürze entsprechend an.
f) Gießen Sie die kochende Suppe über die getrockneten Fadennudeln in Ihren Servierschalen, fügen Sie einen

Spritzer Limettensaft und Ihre Beilage hinzu und servieren Sie. Die Nudeln sind in wenigen Minuten essfertig.

## 84. Würzige Rindfleisch-Nudelsuppe

**Zutaten:**

- 16 Tassen kaltes Wasser
- 6 Scheiben Ingwer
- 3 Frühlingszwiebeln, gewaschen und halbiert
- ¼ Tasse Shaoxing-Wein
- 3 Pfund. Rindfleischfutter, in 1½-Zoll-Stücke geschnitten
- 3 Esslöffel Öl
- 1 bis 2 Esslöffel Sichuan-Pfefferkörner
- 2 Knoblauchzehen, geschält
- 1 große Zwiebel, in Stücke geschnitten
- 5-Sterne-Anis
- 4 Lorbeerblätter
- ¼ Tasse scharfe Bohnenpaste
- 1 große Tomate, in kleine Stücke geschnitten
- ½ Tasse leichte Sojasauce
- 1 Esslöffel Zucker
- 1 großes Stück getrocknete Mandarinenschale
- frische oder getrocknete Weizennudeln nach Wahl
- Gehackte Frühlingszwiebeln und Koriander zum Garnieren

**Richtungen:**

a) Erhitzen Sie das Öl in einem anderen Suppentopf oder großen Wok bei mittlerer Hitze und fügen Sie die Sichuan-Pfefferkörner, Knoblauchzehen, Zwiebeln, Sternanis und Lorbeerblätter hinzu. Garen, bis die Knoblauchzehen und Zwiebelstücke weich werden (ca. 5 - 10 Minuten). Die würzige Bohnenpaste unterrühren.

b) Dann die Tomaten hinzugeben und zwei Minuten kochen. Zum Schluss die helle Sojasauce und den Zucker unterrühren. Schalten Sie die Heizung aus.

c) Lassen Sie uns nun das Rindfleisch, den Ingwer und die Frühlingszwiebeln aus dem 1. Topf schöpfen und in den 2. Topf geben. Dann die Brühe durch ein feines Sieb gießen. Stellen Sie den Topf auf hohe Hitze und fügen Sie die Mandarinenschale hinzu. Die Suppe zugedeckt zum Kochen bringen. Drehen Sie die Hitze sofort auf ein Köcheln herunter und kochen Sie für 60-90 Minuten.

d) Schalten Sie nach dem Köcheln die Hitze aus, lassen Sie den Deckel aber auf und lassen Sie den Topf (bei ausgeschalteter Hitze) eine weitere volle Stunde lang auf dem Herd stehen, damit sich die Aromen vermischen. Ihre Suppenbasis ist fertig. Denken Sie daran, den Suppenboden vor dem Servieren noch einmal zum Kochen zu bringen.

## 85. Eiertropfensuppe

**Zutaten:**
- 4 Tassen Bio-Hühnerbrühe oder hausgemachte Hühnerbrühe
- ½ Teelöffel Sesamöl
- ½ Teelöffel Salz
- eine Prise Zucker
- Weißen Pfeffer pürieren
- 5 Tropfen gelbe Lebensmittelfarbe
- ¼ Tasse Maisstärke gemischt mit ½ Tasse Wasser
- 3 Eier, leicht geschlagen
- 1 Schalotte, gehackt

**Richtungen:**
a) Die Hühnerbrühe in einem mittelgroßen Suppentopf zum Köcheln bringen. Sesamöl, Salz, Zucker und weißen Pfeffer einrühren.
b) Als nächstes fügen Sie die Maisstärke-Aufschlämmung hinzu
c) Lassen Sie die Suppe ein paar Minuten köcheln und prüfen Sie dann, ob die Konsistenz Ihren Wünschen entspricht.
d) Die Suppe in eine Schüssel geben, mit gehackten Frühlingszwiebeln toppen, etwas Sesamöl darüber träufeln und servieren!

## 86. Einfache Wan-Tan-Suppe

**Zutaten:**
- 10 Unzen. Baby Pak Choi oder ähnliches grünes Gemüse
- 1 Tasse Hackfleisch
- 2½ Esslöffel Sesamöl
- Weißen Pfeffer pürieren
- 1 Esslöffel gewürzte Sojasauce
- ½ Teelöffel Salz
- 1 Esslöffel Shaoxing-Wein
- 1 Packung Wan-Tan-Felle
- 6 Tassen gute Hühnerbrühe
- 1 Esslöffel Sesamöl
- Weißer Pfeffer und Salz abschmecken
- 1 Schalotte, gehackt

**Richtungen:**
a) Beginnen Sie damit, das Gemüse gründlich zu waschen. Einen großen Topf mit Wasser zum Kochen bringen und das Gemüse blanchieren, bis es zusammenfällt. Abgießen und in kaltem Wasser abspülen. Schnappen Sie sich einen guten Klumpen Gemüse und drücken Sie vorsichtig so viel Wasser wie möglich aus. Das Gemüse sehr fein hacken (Sie können den Vorgang auch beschleunigen, indem Sie es in die Küchenmaschine werfen).
b) In einer mittelgroßen Schüssel fein gehacktes Gemüse, Hackfleisch, Sesamöl, weißen Pfeffer, Sojasauce, Salz und Shaoxing-Wein hinzufügen. Mischen Sie sehr gründlich, bis die Mischung vollständig emulgiert ist – fast wie eine Paste.
c) Jetzt ist es Zeit zu montieren! Füllen Sie eine kleine Schüssel mit Wasser. Nehmen Sie eine Verpackung und

befeuchten Sie die Ränder der Verpackung mit Ihrem Finger. Etwas mehr als einen Teelöffel Füllung in die Mitte geben. Falten Sie die Verpackung in der Mitte und drücken Sie die beiden Seiten zusammen, damit Sie eine feste Versiegelung erhalten.

d) Halten Sie die unteren beiden Ecken des kleinen Rechtecks, das Sie gerade gemacht haben, und bringen Sie die beiden Ecken zusammen. Sie können ein wenig Wasser verwenden, um sicherzustellen, dass sie haften. Und das ist es! Setzen Sie den Zusammenbau fort, bis die gesamte Füllung aufgebraucht ist. Legen Sie die Wan-Tans auf ein Backblech oder einen Teller, der mit Pergamentpapier ausgelegt ist, um ein Anhaften zu verhindern.

e) An diesem Punkt können Sie die Wan Tans mit Plastikfolie abdecken, das Backblech / die Platte in den Gefrierschrank legen und sie nach dem Einfrieren in Ziploc-Beutel umfüllen. Sie halten sich ein paar Monate im Gefrierschrank und sind bereit für Won-Tan-Suppe, wann immer Sie möchten.

f) Um die Suppe zuzubereiten, erhitzen Sie Ihre Hühnerbrühe zum Köcheln und fügen Sie Sesamöl, weißen Pfeffer und Salz hinzu.

g) Einen separaten Topf mit Wasser zum Kochen bringen. Die Wan Tans vorsichtig einzeln in den Topf geben. Rühren Sie um, damit die Wan Tans nicht am Boden haften bleiben. Wenn sie kleben bleiben, keine Sorge, sie sollten sich lösen, sobald sie gekocht sind. Sie sind fertig, wenn sie schwimmen. Achten Sie darauf, sie nicht zu überkochen.

h) Die Wan-Tans mit einem Schaumlöffel herausnehmen und in Schüsseln geben. Die Suppe über die Wan Tans gießen und mit gehackten Frühlingszwiebeln garnieren. Dienen!

## 87. Eiertropfensuppe

**Zutaten:**
- 4 Tassen natriumarme Hühnerbrühe
- 2 geschälte frische Ingwerscheiben
- 2 Knoblauchzehen, geschält
- 2 Teelöffel helle Sojasauce
- 2 Esslöffel Maisstärke
- 3 Esslöffel Wasser
- 2 große Eier, leicht geschlagen
- 1 Teelöffel Sesamöl
- 2 Frühlingszwiebeln, in dünne Scheiben geschnitten, zum Garnieren

**Richtungen:**

a) In einem Wok oder Suppentopf Brühe, Ingwer, Knoblauch und helle Soja vermischen und zum Kochen bringen. Auf ein Köcheln reduzieren und 5 Minuten kochen lassen. Ingwer und Knoblauch entfernen und wegwerfen.

b) In einer kleinen Schüssel Maisstärke und Wasser mischen und die Mischung in den Wok rühren.

c) Reduziere die Hitze auf ein Köcheln. Tauchen Sie eine Gabel in die geschlagenen Eier und ziehen Sie sie dann durch die Suppe, während Sie vorsichtig umrühren. Lassen Sie die Suppe einige Augenblicke ungestört köcheln, damit sich die

Eier setzen. Das Sesamöl einrühren und die Suppe in Servierschalen füllen. Mit den Frühlingszwiebeln garnieren.

# 88. Heiße und saure Suppe

**Zutaten:**

- 4 Unzen Schweinelende ohne Knochen, in $\frac{1}{4}$ Zoll dicke Streifen geschnitten
- 1 Esslöffel dunkle Sojasauce
- 4 getrocknete Shiitake-Pilze
- 8 getrocknete Baumohrpilze
- $1\frac{1}{2}$ Esslöffel Maisstärke
- $\frac{1}{4}$ Tasse ungewürzter Reisessig
- 2 Esslöffel helle Sojasauce
- 2 Teelöffel Zucker
- 1 Teelöffel gebratenes Chiliöl
- 1 Teelöffel gemahlener weißer Pfeffer
- 2 Esslöffel Pflanzenöl
- 1 geschälte frische Ingwerscheibe, etwa so groß wie ein Viertel
- Koscheres Salz
- 4 Tassen natriumarme Hühnerbrühe
- 4 Unzen fester Tofu, gespült und in $\frac{1}{4}$-Zoll-Streifen geschnitten
- 1 großes Ei, leicht geschlagen

- 2 Frühlingszwiebeln, in dünne Scheiben geschnitten, zum Garnieren

**Richtungen:**

a) In einer Schüssel das Schweinefleisch und die dunkle Soja zum Beschichten mischen. Beiseite legen.

b) Beide Pilze in eine hitzebeständige Schüssel geben und mit kochendem Wasser bedecken. Die Pilze etwa 20 Minuten einweichen, bis sie weich sind. Gießen Sie $\frac{1}{4}$ Tasse des Pilzwassers in einen Messbecher aus Glas und stellen Sie ihn beiseite. Den Rest der Flüssigkeit abgießen und wegwerfen. Die Shiitake-Pilze in dünne Scheiben schneiden und die Baumohrenpilze in mundgerechte Stücke schneiden. Beide Pilze zurück in die Einweichschüssel geben und beiseite stellen.

c) Rühren Sie die Maisstärke in die aufgefangene Pilzflüssigkeit, bis sich die Maisstärke aufgelöst hat. Essig, Sojabohnenöl, Zucker, Chiliöl und weißen Pfeffer einrühren, bis sich der Zucker aufgelöst hat. Beiseite legen.

d) Einen Wok bei mittlerer Hitze erhitzen, bis ein Tropfen Wasser brutzelt und bei Kontakt verdunstet. Gießen Sie das Pflanzenöl hinein und schwenken Sie es, um den Boden des Woks zu benetzen. Würze das Öl mit dem Ingwer und einer Prise Salz. Lassen Sie den Ingwer etwa 30 Sekunden lang im Öl brutzeln und leicht schwenken.

e) Das Schweinefleisch in den Wok geben und ca. 3 Minuten unter Rühren braten, bis das Schweinefleisch nicht mehr rosa ist. Den Ingwer entfernen und entsorgen. Die Brühe zugeben und zum Kochen bringen. Auf ein Köcheln reduzieren und die Pilze unterrühren. Tofu einrühren und 2 Minuten köcheln lassen. Rühren Sie die Maisstärkemischung ein und stellen Sie die Hitze auf mittelhoch zurück und rühren Sie, bis die Suppe dicker wird, etwa 30 Sekunden lang. Reduziere die Hitze auf ein Köcheln.

f) Tauchen Sie eine Gabel in das geschlagene Ei und ziehen Sie es dann durch die Suppe, während Sie vorsichtig umrühren.

# 89. Rindfleisch Nudelsuppe

**Zutaten:**

- ¾ Pfund Rinderlendenspitzen, dünn quer zur Faser geschnitten
- 2 Teelöffel Backpulver
- 4 Esslöffel Shaoxing Reiswein, geteilt
- 4 Esslöffel helle Sojasauce, geteilt
- 2 Teelöffel Maisstärke, geteilt
- 1 Teelöffel Zucker
- Frisch gemahlener schwarzer Pfeffer
- 3 Esslöffel Pflanzenöl, geteilt
- 2 Teelöffel chinesisches Fünf-Gewürze-Pulver
- 4 geschälte frische Ingwerscheiben
- 2 Knoblauchzehen, geschält und zerdrückt
- 4 Tassen Rinderbrühe
- ½ Pfund getrocknete chinesische Nudeln (jede Art)
- 2 Baby-Pak-Choi-Köpfe, geviertelt
- 1 Esslöffel Frühlingszwiebel-Ingwer-Öl

**Richtungen:**

a) In einer kleinen Schüssel das Rindfleisch mit dem Natron vermischen und 5 Minuten ruhen lassen. Das Rindfleisch abspülen und mit Küchenpapier trocken tupfen.

b) In einer anderen Schüssel das Rindfleisch mit Reiswein, hellem Soja, Maisstärke, Zucker, Salz und Pfeffer vermischen. Marinieren.

c) In einem Messbecher aus Glas die restlichen 3 Esslöffel Reiswein, 3 Esslöffel helle Soja und 1 Teelöffel Maisstärke mischen und beiseite stellen.

d) Einen Wok bei mittlerer Hitze erhitzen, bis ein Tropfen Wasser brutzelt und bei Kontakt verdunstet. Gießen Sie 2 Esslöffel Pflanzenöl hinein und schwenken Sie es, um den Boden des Woks zu bedecken. Fügen Sie das Rindfleisch und das Fünf-Gewürze-Pulver hinzu und kochen Sie es 3 bis 4 Minuten lang unter gelegentlichem Wenden, bis es leicht gebräunt ist. Das Rindfleisch in eine saubere Schüssel geben und beiseite stellen.

e) Wischen Sie den Wok sauber und stellen Sie ihn wieder auf mittlere Hitze. Fügen Sie den restlichen 1 Esslöffel Pflanzenöl hinzu und schwenken Sie, um den Boden des Woks zu bedecken. Fügen Sie Ingwer, Knoblauch und eine Prise Salz hinzu, um das Öl zu würzen. Lassen Sie den Ingwer und den Knoblauch etwa 10 Sekunden lang im Öl brutzeln und leicht schwenken.

f) Die Sojasaucenmischung zugießen und zum Kochen bringen. Mit Brühe aufgießen und wieder aufkochen. Zum Köcheln reduzieren und das Rindfleisch zurück in den Wok geben. 10 Minuten köcheln lassen.

g) In der Zwischenzeit einen großen Topf mit Wasser bei starker Hitze zum Kochen bringen. Die Nudeln hinzugeben und nach Packungsanleitung garen. Mit einem Wokschaum die Nudeln herausschöpfen und abtropfen lassen. Den Pak Choi in das kochende Wasser geben und 2 bis 3 Minuten kochen, bis er hellgrün und zart ist. Pak Choi auslöffeln und in eine Schüssel geben. Wenden Sie die Nudeln mit einer Zange mit dem Frühlingszwiebel-Ingwer-Öl, um sie zu bestreichen. Nudeln und Pak Choi auf Suppentassen verteilen.

# GEWÜRZE

## 90. Sauce aus schwarzen Bohnen

## Zutaten

- ½ Tasse fermentierte schwarze Bohnen, eingeweicht
- 1 Tasse Pflanzenöl, geteilt
- 1 große Schalotte, fein gehackt
- 3 Esslöffel geschälter und gehackter frischer Ingwer
- 4 Frühlingszwiebeln, in dünne Scheiben geschnitten
- 6 Knoblauchzehen, fein gehackt
- ½ Tasse Shaoxing-Reiswein

## Richtungen:

a) Einen Wok bei mittlerer Hitze erhitzen. Gießen Sie ¼ Tasse Öl hinein und schwenken Sie es, um die Pfanne zu beschichten. Schalotten, Ingwer, Frühlingszwiebeln und Knoblauch hinzugeben und 1 Minute unter Rühren braten, oder bis die Mischung weich geworden ist.

b) Fügen Sie die schwarzen Bohnen und den Reiswein hinzu. Reduzieren Sie die Hitze auf mittlere Stufe und kochen Sie für 3 bis 4 Minuten, bis die Mischung um die Hälfte reduziert ist.

c) Übertragen Sie die Mischung in einen luftdichten Behälter und kühlen Sie sie auf Raumtemperatur ab. Gießen Sie die restliche ¾ Tasse Öl darüber und decken Sie sie fest ab. Bis zur Verwendung im Kühlschrank aufbewahren.

d) Diese frische Bohnensauce hält sich in einem luftdichten Behälter bis zu einem Monat im Kühlschrank. Wenn Sie es länger aufbewahren möchten, frieren Sie es in kleineren Portionen ein.

# 91. Frühlingszwiebel-Ingwer-Öl

## Zutaten

- 1½ Tassen dünn geschnittene Frühlingszwiebeln
- 1 EL geschälter und fein gehackter frischer Ingwer
- 1 Teelöffel koscheres Salz
- 1 Tasse Pflanzenöl

**Richtungen:**

a) In einer hitzebeständigen Glas- oder Edelstahlschüssel Frühlingszwiebeln, Ingwer und Salz mischen. Beiseite legen.

b) Gießen Sie das Öl in einen Wok und erhitzen Sie es bei mittlerer Hitze, bis ein Stück Frühlingszwiebel sofort brutzelt, wenn es in das Öl fällt. Sobald das Öl heiß ist, den Wok vom Herd nehmen und das heiße Öl vorsichtig über die Frühlingszwiebeln und den Ingwer gießen. Die Mischung sollte beim Eingießen brutzeln und sprudeln. Gießen Sie das Öl langsam ein, damit es nicht überschäumt.

c) Lassen Sie die Mischung vollständig abkühlen, etwa 20 Minuten. Umrühren, in ein luftdichtes Glas umfüllen und bis zu 2 Wochen im Kühlschrank aufbewahren.

# 92. XO-Sauce

## Zutaten

- 2 Tassen große getrocknete Jakobsmuscheln
- 20 getrocknete rote Chilis, Stiele entfernt
- 2 frische rote Chilis, grob gehackt
- 2 Schalotten, grob gehackt
- 2 Knoblauchzehen, grob gehackt
- $\frac{1}{2}$ Tasse kleine getrocknete Garnelen
- 3 Scheiben Speck, gehackt
- $\frac{1}{2}$ Tasse Pflanzenöl
- 1 Esslöffel dunkelbrauner Zucker
- 2 Teelöffel chinesisches Fünf-Gewürze-Pulver
- 2 Esslöffel Shaoxing-Reiswein

## Richtungen:

a) Die Jakobsmuscheln in eine große Glasschüssel geben und etwa 2,5 cm mit kochendem Wasser bedecken. 10 Minuten einweichen oder bis die Jakobsmuscheln weich sind. Alles bis auf 2 Esslöffel Wasser abgießen und mit Plastikfolie abdecken. Mikrowelle für 3 Minuten. Etwas abkühlen lassen. Brechen Sie die Jakobsmuscheln mit den Fingern in kleinere Stücke und reiben Sie sie aneinander, um die Jakobsmuscheln zu lockern. In eine Küchenmaschine geben und 10 bis 15 Mal pulsieren, oder bis die Jakobsmuscheln fein zerkleinert sind. In eine Schüssel umfüllen und beiseite stellen.

b) Kombinieren Sie in der Küchenmaschine die getrockneten Chilis, frische Chilis, Schalotten und Knoblauch. Mehrmals pulsieren, bis die Mischung eine Paste bildet und fein gehackt aussieht. Möglicherweise müssen Sie die Seiten nach unten kratzen, damit alles eine einheitliche Größe behält. Die Mischung in die Jakobsmuschelschale geben und beiseite stellen.

c) Die Garnelen und den Speck in die Küchenmaschine geben und einige Male pulsieren, um sie fein zu hacken.

d) Einen Wok bei mittlerer Hitze erhitzen. Gießen Sie das Öl hinein und schwenken Sie es, um die Pfanne zu bedecken. Garnelen und Speck hinzugeben und 1 bis 2 Minuten braten, bis der Speck braun und sehr knusprig wird. Fügen Sie den braunen Zucker und das Fünf-Gewürze-Pulver hinzu und kochen Sie für 1 Minute weiter, bis der braune Zucker karamellisiert.

e) Fügen Sie die Jakobsmuschel-Chili-Knoblauch-Mischung hinzu und kochen Sie sie weitere 1 bis 2 Minuten oder bis der Knoblauch zu karamellisieren beginnt. Gießen Sie den Reiswein vorsichtig an den Seiten des Woks hinunter und kochen Sie ihn weitere 2 bis 3 Minuten, bis er verdunstet ist. Seien Sie vorsichtig – an dieser Stelle kann das Öl aus dem Wein spritzen.

f) Die Sauce in eine Schüssel umfüllen und abkühlen lassen. Nach dem Abkühlen die Sauce in kleinere Gläser füllen und abdecken. Die XO-Sauce kann bis zu 1 Monat im Kühlschrank aufbewahrt werden.

## 93. Gebratenes Chili-Öl

**Zutaten**

- ¼ Tasse Sichuan-Chili-Flocken
- 2 Esslöffel weißer Sesam
- 1 Stern Anisschote
- 1 Zimtstange
- 1 Teelöffel koscheres Salz
- 1 Tasse Pflanzenöl

**Richtungen:**

a) In einer hitzebeständigen Glas- oder Edelstahlschüssel Chiliflocken, Sesamsamen, Anis, Zimtstange und Salz mischen und umrühren. Beiseite legen.

b) Gießen Sie das Öl in einen Wok und erhitzen Sie es bei mittlerer Hitze, bis die Zimtstange sofort brutzelt, wenn sie in das Öl getaucht wird. Sobald das Öl heiß ist, den Wok vom Herd nehmen und das heiße Öl vorsichtig über die Gewürze gießen. Die Mischung sollte beim Eingießen brutzeln und sprudeln. Gießen Sie das Öl langsam ein, damit es nicht überschäumt.

c) Lassen Sie die Mischung vollständig abkühlen, etwa 20 Minuten. Umrühren, in ein luftdichtes Glas umfüllen und bis zu 4 Wochen im Kühlschrank aufbewahren.

## 94. Pflaumensauce

## Zutaten

- 4 Tassen grob gehackte Pflaumen (etwa 1½ Pfund)
- ½ kleine gelbe Zwiebel, gehackt
- ½ Zoll frische Ingwerscheibe, geschält
- 1 Knoblauchzehe, geschält und zerdrückt
- ½ Tasse Wasser
- ⅓ Tasse hellbrauner Zucker
- ¼ Tasse Apfelessig
- ½ Teelöffel chinesisches Fünf-Gewürze-Pulver
- Koscheres Salz

**Richtungen:**

a) In einem Wok Pflaumen, Zwiebel, Ingwer, Knoblauch und Wasser bei mittlerer Hitze zum Kochen bringen. Abdecken, die Hitze auf mittlere Stufe reduzieren und unter gelegentlichem Rühren etwa 20 Minuten köcheln lassen, bis die Pflaumen und die Zwiebel weich sind.

b) Übertragen Sie die Mischung in einen Mixer oder eine Küchenmaschine und pürieren Sie sie, bis sie glatt ist. Kehre zum Wok zurück und rühre Zucker, Essig, Fünf-Gewürze-Pulver und eine Prise Salz ein.

c) Drehen Sie die Hitze zurück auf mittelhoch und bringen Sie sie unter häufigem Rühren zum Kochen. Reduzieren Sie die

Hitze auf niedrig und köcheln Sie, bis die Mischung die Konsistenz von Apfelmus erreicht, etwa 30 Minuten.

# NACHSPEISEN

# 95. Snack aus Yamsbohnen, Karotten und Gurken

Portionsgröße: 3

Zutaten:

- Worcestersauce
- Erdnüsse
- 2 Karotten
- ½ Yamsbohne
- Nicht aromatisierte Gelatine
- Scharfe Soße
- Limettensaft
- Japanische Erdnüsse
- 1 Gurke
- 6 Limetten

Methode:

a) Karotte, Yamsbohnen und Gurke reiben. Alles gründlich abtropfen lassen.

b) Backform mit Öl einfetten und Bohnen einfüllen.

c) Gelatine und Limettenscheiben darüberstreuen. Drücken Sie fest.

d) Fügen Sie auf die gleiche Weise eine Schicht Gurken und Karotten hinzu.

e) Abdecken und 30 Minuten einfrieren.

f) Mischen Sie andere Zutaten, um die Sauce zu machen.

g) Erdnüsse zum Garnieren darüberstreuen.

## 96. Chinesische Mandelkekse

Portionsgröße: 30

Zutaten:

- ½ Teelöffel Natron
- 2 Tassen Mehl
- ½ Teelöffel Backpulver
- ¼ Teelöffel Salz
- 2 ½ Teelöffel Mandelextrakt
- 30 ganze Mandeln
- ½ Tasse Verkürzung
- ¾ Tasse weißer Zucker
- 1 Ei
- ½ Tasse Butter
- 1 Ei geschlagen

Methode:

a) Ofen auf 325 ° F erhitzen.

b)  Nehmen Sie eine große Schüssel und fügen Sie Mehl hinzu.

c)  Salz hinzufügen und gut mischen.

d)  Natron und Backpulver hinzufügen. Gut umrühren.

e)  In einer kleinen Schüssel Butter, Backfett und Zucker schlagen.

f)  Mandeln und Ei in die Buttermischung geben und gut vermischen.

g)  Mehlmischung hinzufügen und glatt rühren.

h)  Den Teig kneten und in zwei Teile schneiden.

i)  2 Stunden kühl stellen.

j)  Den Teig der Länge nach in 14 bis 15 Stücke schneiden.

k)  Fetten Sie die Plätzchenform ein und rollen Sie jedes Stück in einer runden Bewegung.

l)  Legen Sie runde Kugeln in eine Keksschale und fügen Sie Mandeln in die Mitte jeder Kugel hinzu.

m)  Plätzchen mit geschlagenem Ei mit einem Pinsel einfetten.

n)  15 bis 20 Minuten backen, bis sie goldbraun sind.

o)  Herausnehmen und abkühlen lassen. Kalt und knusprig servieren.

# 97. Nian Gao

Portionsgröße: 10

Zutaten:

- 2 ½ Tassen Milch
- Eine Dose rote Azukibohnen
- 16 Unzen Mochiko süßes Reismehl
- 1 bis 1 ¾ Tasse Zucker
- 1 Esslöffel Backpulver
- ½ Tasse ungesalzene Butter
- ¾ Tasse Pflanzenöl
- 3 Eier

Methode:

a) Ofen auf 350 °F erhitzen.

b) Pfanne mit Butter oder Öl mit Spray oder Bürste einfetten.

c) Mischen Sie alle Zutaten außer Bohnen in einem Prozessor und pürieren Sie, bis sie glatt sind.

d) Streuen Sie Mochiko-Mehl auf die Auflaufform und fügen Sie die Hälfte des Teigs hinzu.

e) Bohnen darauf verteilen und eine weitere Schicht des restlichen Teigs auf die Bohnen geben.

f) 40 bis 45 Minuten backen, bis sie gar sind.

g) Mit einem Zahnstocher prüfen, ob er gut gebacken ist.

h) Kalt servieren.

## 98. Milchreis mit acht Schätzen

Portionsgröße: 8

Zutaten:

**Für den Reis**

- 1 Tasse schwarze Rosinen
- 1 Tasse gelbe Rosinen
- ¼ Teelöffel Salz

**Für die Frucht**

- Neutrales Öl für Beschichtungsschüssel
- 2 Tassen Klebreis
- 1 Esslöffel Sonnenblumenöl
- 1 Tasse zuckerglasierte Kirschen
- 1 getrocknete Aprikose

**Für die Füllung**

- 1 Tasse Zuckerlotussamen
- 100 Gramm rote Bohnenpaste

**Für das Stärkewasser**

- 3 Esslöffel Wasser
- 2 Teelöffel Kartoffelstärke

**Für den Zuckersirup**

- 1 Esslöffel Honig
- 1 Esslöffel Zucker
- $\frac{1}{2}$ Tasse Wasser

Methode:

a) Nehmen Sie eine große Schüssel und geben Sie Reis hinein.

b) Kaltes Wasser zugeben und 1 Stunde zudecken.

c) Reis abgießen, einweichen und 40 Minuten in siedendem Wasser dämpfen.

d) Öl und Salz hinzufügen. Vorsichtig mischen, damit der Reis nicht bricht.

e) Früchte in kleine Stücke schneiden.

f) Nehmen Sie eine Schüssel und fetten Sie sie mit Öl ein.

g) Fügen Sie Früchte und eine Schicht Reis hinzu. Drücken Sie sanft.

h) Rote Bohnenpaste darauf geben und mit einem Löffel verteilen.

i) Reis-Kirsch-Schicht wieder auflegen.

j) Die Schüssel in siedendes Wasser stellen und 30 Minuten dämpfen.

k) Nehmen Sie eine kleine Schüssel und mischen Sie die Zutaten für das Kartoffelstärkewasser.

l) Rühren, bis alles gut vermischt ist.

m) Alle Zutaten für den Sirup hinzugeben und zum Kochen bringen. Stärkewasser zugeben und 10 Minuten kochen.

n) Nehmen Sie die Schüssel aus dem Wasser und stürzen Sie sie in die Schüssel. Zuckersirup darüber geben.

## 99. Chinesisches Mandelfloat-Dessert

Portionsgröße: 6

Zutaten:

- 1 Tasse kaltes Wasser
- 1 Dose Fruchtcocktail mit Sirup
- 1 Umschlag geschmacksneutrale Gelatine
- 2 Teelöffel Mandelextrakt
- 1 Tasse Kondensmilch
- 4 Esslöffel Kristallzucker
- 1 Tasse kochendes Wasser

Methode:

a) Nehmen Sie eine kleine Schüssel und mischen Sie Zucker mit Gelatine. Gut mischen.

b) Kochendes Wasser in die Gelatinemischung geben und ständig umrühren, bis sie sich aufgelöst hat.

c) Mandelextrakt, Milch und kaltes Wasser hinzufügen. Gut mischen.

d) Warten Sie, bis es abgekühlt ist. In Stücke schneiden und mit Dosenobst servieren.

## 100. Herzhafter gedämpfter Eierpudding

**Zutaten:**

- 4 große Eier, bei Zimmertemperatur
- 1¾ Tassen natriumarme Hühnerbrühe oder gefiltertes Wasser
- 2 Teelöffel Shaoxing-Reiswein
- ½ Teelöffel koscheres Salz
- 2 Frühlingszwiebeln, nur der grüne Teil, in dünne Scheiben geschnitten
- 4 Teelöffel Sesamöl

**Richtungen:**

a) In einer großen Schüssel die Eier verquirlen. Die Brühe und den Reiswein hinzugeben und alles verrühren. Die Eimischung durch ein feinmaschiges Sieb passieren, das über einem Flüssigkeitsmessbecher steht, um Luftblasen zu entfernen. Gießen Sie die Eimischung in 4 (6-Unzen) Auflaufförmchen. Mit einem Schälmesser alle Blasen auf der Oberfläche der Eimischung platzen lassen. Decken Sie die Förmchen mit Alufolie ab.

b) Spülen Sie einen Bambus-Dämpfkorb und seinen Deckel unter kaltem Wasser ab und stellen Sie ihn in den Wok. Gießen Sie 2 Zoll Wasser ein oder bis es ¼ bis ½ Zoll über den unteren Rand des Dampfgarers kommt, aber nicht so viel, dass es den Boden des Korbs berührt. Stellen Sie die Förmchen in den Dampfeinsatz. Mit dem Deckel abdecken.

c) Bringe das Wasser zum Kochen und reduziere dann die Hitze auf ein schwaches Köcheln. Bei schwacher Hitze ca. 10 Minuten dämpfen oder bis die Eier gerade erstarren.

d) Nehmen Sie die Förmchen vorsichtig aus dem Dampfgarer und garnieren Sie jeden Pudding mit einigen Frühlingszwiebeln und ein paar Tropfen Sesamöl. Sofort servieren.

# FAZIT

Chinesisches Essen ist sehr berühmt und enthält alle Nährstoffe, die Stoffwechsel und Körper benötigen, um gesund zu bleiben. Obwohl Chinesen im Durchschnitt dreißig Prozent mehr Kalorien zu sich nehmen als Amerikaner und sie die gleichen Verhaltensmuster haben, haben sie keine Probleme mit Fettleibigkeit. Denn auf fruktose- und vitaminfreie Lebensmittel wird in der chinesischen Küche verzichtet. Die Grundtechniken der chinesischen Küche sind Braten, Frittieren, Dämpfen, Kochen und Braten. Chinesisches Essen zu Hause unterscheidet sich stark von dem in Restaurants erhältlichen Essen.

Chinesisches Essen hat viele gesundheitliche Vorteile. Es hilft, Ihre Körperflüssigkeiten zu regulieren und Ihren Stoffwechsel zu verbessern. Daher ist chinesisches Essen in Amerika für seine Aromen und Kochstile berühmt. Vegetarier, Lacto-Ovo-Vegetarier, Buddhisten, Ovo-Vegetarier usw. können aufgrund einer Vielzahl von Kochtechniken chinesische Lebensmittel essen. Probieren Sie diese verschiedenen Rezepte aus China und genießen Sie die chinesische Küche auf Ihrem Tisch.

www.ingramcontent.com/pod-product-compliance
Lightning Source LLC
Chambersburg PA
CBHW070500120526
44590CB00013B/699